WAS JEDER
VOM JUDENTUM
WISSEN MUSS

Im Auftrag der Kirchenleitung der
Vereinigten Evangelisch-Lutherischen Kirche Deutschlands

herausgegeben von Christina Kayales und
Astrid Fiehland van der Vegt

unter Mitarbeit von Uwe Gräbe, Angela Langner,
Christiane Müller, Ricklef Münnich, Wolfgang Raupach-Rudnik, Ursula
Rudnick und Christian Stäblein

VELKD Vereinigte
Evangelisch-Lutherische
Kirche Deutschlands

Bibliografische Information der Deutschen Nationalbibliothek
Die Deutsche Nationalbibliothek verzeichnet diese Publikation
in der Deutschen Nationalbibliografie; detaillierte bibliografische
Daten sind im Internet über https://portal.dnb.de abrufbar.

Klimaneutral
Druckprodukt
climate-id.com/12559-1708-1001

Bildnachweis: S. 11, 69, Jahresfestkreis, Foto von Ami Blumenthal, © Roman Kovar
Verlag – S. 172, Abendmahl als Sedermahl, Foto von Thomas Dashuber, © Gemeinde
Oberammergau – S. 146, Lebendes Kreuz, © Carsten Clüsserath, Saarbrücken –
S. 149, Kirchentag 1999, Stuttgart, © epd, Frankfurt – S. 31; Kantorin und Rabbinerin,
© Margrit Schmidt, Berlin.
Alle übrigen Fotos: © Hans-Georg Vorndran / www.SchalomNet.de und Archiv
SchalomNet

12. Auflage, 2018
11., leicht überarbeitete Auflage, Gütersloh 2014
9., völlig neu überarbeitete Auflage, Gütersloh 2005
Copyright © 1983 Gütersloher Verlagshaus, Gütersloh,
in der Verlagsgruppe Random House GmbH,
Neumarkter Str. 28, 81673 München

Umschlaggestaltung: Hauptmann & Kampa Werbeagentur, München – Zürich unter
Verwendung eines Fotos © getty images
Satz: Katja Rediske, Landesbergen
Druck und Bindung: Books on Demand GmbH, Norderstedt
Printed in Germany
ISBN 978-3-579-06407-9

www.gtvh.de

Inhalt

Teil III: Christen und Juden – Juden und Christen

Teil IV: Anhang

Vorwort

»Wenn dein Kind dich fragt« – Diese Worte aus 5 Mose 6,20 zur Tradition des Fragens und Lernens passen zu meiner Freude und Dank-
barkeit über dieses Buch. Die Neuauflage von: »Was jeder vom Judentum wissen muss« ist ein sehr ermutigendes Zeichen. Das vorliegende
Buch belegt, dass es Interesse am Judentum gibt und eine Auseinandersetzung mit dem Judentum gerade für Christinnen und Christen in
Deutschland zu einem nicht mehr wegzudenkenden Anliegen geworden ist.

Über viele Jahrhunderte war der Blick auf Menschen jüdischen Glaubens bestimmt durch Vorurteile, Un- und Halbwahrheiten und böse
Verleumdungen. Christen haben sich lange Zeit in diffamierender Weise von Juden abgegrenzt, falsche Informationen über das Judentum
weitergegeben und oft aus Unkenntnis das Gemeinsame beider Glau-
benstraditionen nicht wahrgenommen. Die Aktivitäten und Publikatio-
nen der letzten Jahre belegen dagegen das Interesse, Gemeinsamkeiten
kennen zu lernen und Verschiedenheit zu achten.

Für mich ist es ein Wunder, dass es nach den unvorstellbaren Verbrechen, die Juden von Deutschen erleiden mussten, heute auch in
Deutschland wieder Gespräche zwischen Juden und Christen gibt. Die
Beschäftigung mit dem Judentum erfordert hierzulande eine sensible
und die Vergangenheit einbeziehende Vorgehensweise. Nicht nur einzelne Gruppen, sondern auch die Landessynoden als »Stimme für ihre
Kirche« schenkten diesem Thema in den letzten Jahren große Auf-
merksamkeit. So formulierte die Synode der Hannoverschen Landeskirche 1995: »Die Landessynode bittet die Kirchengemeinden, Begegnungen und Gespräche zwischen Juden und Christen, wo immer möglich, zu suchen und zu fördern. Sie ist dankbar dafür, dass nach den
Verbrechen des Holocaust solche Begegnungen möglich geworden sind
und dass Schritte aufeinander zu getan werden konnten. Sie hofft auf
eine gute Nachbarschaft zwischen Kirchen und Synagogengemeinden,
in der die Verbundenheit von Juden und Christen sichtbar werden
kann.«

Die Beschäftigung mit diesen Themen erfordert Kenntnisse vom Judentum, die dieses Buch vermitteln möchte. Darüber hinaus will es zur Begegnung ermutigen und gegenseitiges besseres Verständnis fördern.

Die Geschichte des Buches »Was jeder vom Judentum wissen muss« reicht zurück in die 70er-Jahre. Im November 1974 stellte der damalige Arbeitskreis »Kirche und Judentum« der Vereinigten Evangelisch-Lutherischen Kirche Deutschlands (VELKD) und des Deutschen Nationalkomitees des Lutherischen Weltbundes Überlegungen an, in welcher Weise die neuen Erkenntnisse der EKD-Studie »Christen und Juden« des Rates der Evangelischen Kirche in Deutschland einer breiten Öffentlichkeit nahe gebracht werden könnten. Ausgangspunkt war die Einsicht, dass es zum damaligen Zeitpunkt an Informationen über das Judentum fehlte. Eine Serie von Faltblättern entstand, die knappe Informationen zu einzelnen Themen anbot. Die ersten Reaktionen zeigten, dass die Faltblätter genau in den Bereichen verwendet wurden, für die sie gedacht waren: in der Gemeindearbeit, im Konfirmanden- und Religionsunterricht und in Seminarveranstaltungen aller Art. Zur Tradition der Faltblätter gehörte, nicht nur über Juden zu schreiben, sondern mit Juden zusammen das Verhältnis zwischen Christen und Juden an konkreten Fragen darzustellen. Deshalb ging vor der Endredaktion jedes Faltblatt an mehrere Rabbiner, deren Änderungs- und Ergänzungsvorschläge eingearbeitet wurden. Dieses Verfahren beließ die letzte Verantwortung beim Arbeitskreis, gab aber den jüdischen Sachverständigen die Möglichkeit, auf Fehler und auf Punkte der Darstellung hinzuweisen, durch die Juden sich verletzt fühlen könnten. Der Wunsch nach einer Zusammenfassung der Faltblatttexte in einer Buchpublikation führte 1983 zum Buch: »Was jeder vom Judentum wissen muss«. Das Buch wurde mehrfach überarbeitet, zuletzt 1997.

Die nun vorliegende Neuauflage schließt sich bewusst der Tradition dieser Faltblätter und des Buches an. Auch diese revidierte Auflage weiß sich den Bemühungen verpflichtet, den jüdisch-christlichen Dialog in Deutschland zu fördern und in allgemein verständlicher Weise eine Einführung zu geben für alle, die sich über das Judentum informieren wollen. Wie bei den Vorgängern wurde dieses Buch wieder von Mitgliedern des jüdisch-christlichen Dialogs konzipiert, um den in diesem Arbeitsbereich liegenden Erfahrungen Raum zu geben. Die Darstellungen sind entsprechend aus dieser Perspektive geprägt.

Auch für die Neuauflage wurde das Gespräch mit Jüdinnen und Juden gesucht, um deren Änderungs- und Ergänzungsvorschläge einarbeiten zu können. Die Neuauflage veränderte den Aufbau des Buches und fügte aus den Arbeiten im jüdisch-christlichen Dialog einzelne biblisch-theologische Themen der Gespräche bei.

Das Buch gliedert sich in drei Teile. Im ersten Teil werden jüdische Lebenswelten mit ihren unterschiedlichen Strömungen dargestellt. Darauf folgt eine Beschreibung des religiösen Lebens. Der zweite Teil gibt einen geschichtlichen Überblick einschließlich eines Abschnittes zu Volk und Staat Israel. Der dritte Teil des Buches greift Themen aus dem jüdisch-christlichen Dialog auf und beschreibt die sich ändernde Haltung der Evangelischen Kirche zum Judentum. In den vergangenen Jahrzehnten des christlich-jüdischen Gesprächs haben wir gelernt, dass wir nicht über das Judentum sprechen können, ohne zugleich auch über den christlichen Glauben zu sprechen. Eine erneuerte, nicht länger abwertende Sicht des Judentums muss auch die Selbstdarstellung des Christentums verändern, wenn wir nicht länger unsere Identität in Abgrenzung und Abwertung des Judentums beschreiben wollen. Darum wurden im dritten Teil Positionen aufgegriffen, die in der Vergangenheit oft Quelle von Judenfeindschaft gewesen sind. Den Abschluss des Buches bildet der Anhang mit Register, Glossar, Literaturverzeichnis, der Liste der Projektgruppenmitglieder und derer, die an der Erarbeitung dieses Buches mitgearbeitet haben.

Für die Erarbeitung war viel Arbeit und die gutwillige Kooperation vieler Beteiligter notwendig, denen ich an dieser Stelle meinen ganz herzlichen Dank für ihr Engagement ausdrücken möchte. Hierzu gehören die Projektgruppe, die die einzelnen Teile im intensiven Gesprächsaustausch erarbeitet hat, die geduldigen Leser und Leserinnen der Entwürfe der Abschnitte, die mit ihren Korrekturen wichtige Anregungen zur Verbesserung gaben, Frau Manuela Reineke, die die

Korrekturen einarbeitete und das Register nach der Vorgabe der Projektgruppe erstellte, und das Redaktionsteam: Pastorin Astrid Fiehland van der Vegt, OKRin Dr. Christina Kayales und Pastor Wolfgang Raupach-Rudnick. Allen, die an dieser Neuauflage mitgewirkt haben, gehört aufrichtiger Dank.

Dr. Hans-Christian Knuth
Leitender Bischof der VELKD

Teil I

Jüdische
Lebenswelten

Jüdische Wege

VIELFALT DES JUDENTUMS

Jüdisches Leben ist vielfältig. Die Gestalt des Judentums gibt es nicht – ebenso wenig wie es das Christentum, den Islam oder irgendeine andere Religion in einer eindeutigen, von außen festlegbaren Form gibt.

> Auf der Welt leben ca. 15 Millionen Jüdinnen und Juden. Ein Drittel, etwa fünf Millionen, lebt im Staat Israel. Etwa die Hälfte der jüdischen Weltbevölkerung wohnt in Nord- und Südamerika, nur etwa 15 % in Europa. In diesen Zahlen spiegelt sich die Katastrophe der Vertreibung und Vernichtung der europäischen Juden im Nationalsozialismus in der ersten Hälfte des 20. Jahrhunderts wider. Erst seit 1948 haben Juden wieder einen eigenen Staat, eine ›Heimstatt‹, die ihnen vor Vertreibung und Verfolgung Sicherheit gewähren soll.

Jüdische Lebenswelten sind vielgestaltig. So leben orthodoxe Juden in New York anders als säkulare Juden am selben Ort. Juden in Russland bewahren andere Traditionen als Juden in Äthiopien oder in Australien. Jüdisches Leben in Frankreich ist mit einer anderen Kultur verbunden als das Leben von Juden in Argentinien. Vor dem Hintergrund unterschiedlichster jüdischer Lebenswelten stellt sich seit jeher die Frage: Was ist das Verbindende im Judentum?

Die klassische Antwort heißt: Jude ist, wer von einer jüdischen Mutter geboren wurde oder wer zum Judentum übergetreten ist. Im Reformjudentum gilt als Jude auch, wer von einem jüdischen Vater geboren und jüdisch erzogen wurde. Das Judentum unterscheidet sich also an diesem Punkt vom Christentum: Als Jude wird man geboren, zum Christen wird man durch die Taufe. Man kann als Jude also auch Atheist oder Agnostiker sein.

Der Hinweis auf die Herkunft beantwortet allerdings die Frage nach der Zugehörigkeit zum Judentum nicht allein. Die Möglichkeit des Übertritts zeigt: Das Judentum ist nicht nur eine *Gemeinschaft*, in die Menschen hinein geboren werden (*Volk*), sondern zugleich eine *Religion*, in der Menschen in gemeinsamem Glauben bzw. in gemeinsamer religiöser Praxis verbunden sind. Bisweilen wird auch die Verbundenheit mit dem Land Israel als einigendes Element der verschiedenen jüdischen Lebenswelten begriffen (vgl. S. 119ff.).

Volk, Religion und *Land* – diese drei können als Bezugspunkte verstanden werden, auf die hin sich jüdische Lebenswelten beschreiben lassen. Es sind eine oder mehrere dieser Größen, die das Selbstverständnis von Jüdinnen und Juden prägen. Dabei ist zu beachten, dass jüdisches Selbstverständnis und jüdische Identität nicht etwas ein für allemal Festliegendes sind, sondern dass sie im Wandel von Traditionen, geschichtlichen Erfahrungen und gegenwärtigen Entwicklungen immer neu Gestalt gewinnen. Eine – gar von außen vorgenommene – Festlegung in dem Sinne, dass diese oder jene Gestaltung jüdischer Lebenswelt *das* Judentum sei, ist nicht sachgemäß. Identität ist immer das Produkt soziologischer Vorgaben, kultureller, historischer, geistesgeschichtlicher und religiöser Entwicklungen und gerade in der Neuzeit auch individueller Entscheidungen.

In der Geschichte mussten und müssen Jüdinnen und Juden unter den Bedingungen des Antisemitismus häufig das Moment der Schicksalsgemeinschaft als einigendes Band ihrer unterschiedlichen Prägungen erfahren (vgl. S. 86ff.). So sehr der Antisemitismus einerseits die Geschichte der Juden mitbestimmt hat, so sehr ist andererseits festzuhalten: Die Vielfalt jüdischen Lebens übersteigt auch diese von außen aufgezwungene Zuschreibung jüdischer Identität.

Elemente jüdischer Traditionen

Die jüdische Lebenswelt wird von zahlreichen Elementen der Tradition bestimmt, von denen hier nur die wichtigsten kurz umrissen und dargestellt werden können. Die unterschiedliche Gewichtung der Elemente bei den einzelnen Gruppen innerhalb des Judentums sowie die verschiedenen Interpretationen und Rezeptionen begründen die Vielgestaltigkeit jüdischen Lebens. Dennoch drückt sich bis heute auch eine Gemeinsamkeit jüdischer Lebenswelt darin aus. Der *Tenach*, die jüdische Bibel, nimmt dabei die zentrale Stellung ein.

a) Tora – Mischna – Talmud

TORA

Das Wort *Tora* wird in unterschiedlichen Bedeutungen gebraucht. Es steht einerseits für eine wichtige historische Quelle jüdischer Überlieferung, andererseits ist *Tora* auch eine zentrale religiöse Kategorie. Deshalb ist es sinnvoll zu klären, welche Bedeutung *Tora* im jeweiligen Zusammenhang hat.

> *Tora – das kann heißen:*
> ... *allgemein: Lehre, Unterweisung, Weisung*
> ... *Sammlung aller Worte, die Israel offenbart wurden und die als ›schriftliche Tora‹ in den ersten fünf Büchern der Bibel und als ›mündliche Tora‹ in Mischna, Talmud und Midrasch überliefert sind*
> ... *die ersten fünf Bücher der Bibel*
> ... *Sammlung von Geboten, die Gott Israel am Sinai gegeben hat*
> ... *einzelnes Gebot, das eine konkrete Lebensfrage regelt (hebr.: Mizwa)*

Die *Tora* ist Gottes gute Gabe und Weisung zum Leben. Es ist daher falsch, *Tora* allein mit dem Begriff »Gesetz« wiederzugeben. Im zweiten Buch Mose wird erzählt, wie das Volk Israel die *Tora* empfängt, nachdem es von Gott aus der Sklaverei in Ägypten befreit worden ist. Auf dem Weg zum verheißenen Land gibt Gott Mose am Berg Sinai seine Weisungen zum Leben. In ihnen zeigt sich Gottes Liebe zu Israel. Nach traditioneller jüdischer Zählung umfasst die *Tora* 613 Gebote (hebr.: *Mizwot*).

Es gibt verschiedene Versuche in der jüdischen Tradition, die Gebote der *Tora* zusammenzufassen. Von *Rabbi* Akiva (ca. 50 – 135 n. Chr.) wird erzählt, er habe einem Eseltreiber, der ihn bat, die *Tora* in einem Augenblick zu lehren, geantwortet: »Unser Lehrer Mose blieb 40 Tage und 40 Nächte auf dem Berg Sinai, und du willst, dass ich sie dir in einem Augenblick lehre? Dennoch, dies ist die Grundregel der *Tora*: Was dir verhasst ist, das tue nicht deinem Nächsten.« Neben dieser so genannten ›goldenen Regel‹ gibt es weitere Zusammenfassungen in der jüdischen Tradition: So wird gelehrt, der Prophet Amos habe die *Tora* auf das Gebot »*Suchet mich, auf dass ihr lebet*« (Am 5,4) reduziert. Ein anderer

Gelehrter findet die Summe der *Tora* in den Worten des Propheten Habakuk: »Der Gerechte wird aus seinem Glauben leben.« (Hab 2,4)

Die jüdische Tradition, die Gebote zu gewichten und auf eine Kernaussage hin zu formulieren, findet sich auch in den Evangelien: Jesus beantwortet die Frage nach dem

Geöffnete Tora-Rolle

höchsten Gebot mit Worten aus der *Tora* (5 Mose 6,4f. und 3 Mose 19,3) »Das höchste Gebot ist dies: ›Höre, Israel, der HERR, unser Gott, ist der HERR allein‹. Und: ›Du sollst den HERRN, deinen Gott, lieben von ganzem Herzen, von ganzer Seele, von ganzem Gemüt und von allen deinen Kräften‹. Das andere ist dies: ›Du sollst deinen Nächsten lieben wie dich selbst‹. Es ist kein anderes Gebot größer als dieses.« (Mk 12,29-31)

MISCHNA

Unter veränderten Lebensbedingungen verlangen die Gebote der *Tora* nach einer aktualisierenden Auslegung und Erklärung. So bleiben sie verständlich und entfalten ihren Sinn in verändertem Kontext. Auf diese Weise wächst der *schriftlichen Tora* eine *mündliche Tora* hinzu, in der die Gebote entsprechend interpretiert werden. Mündliche und schriftliche Tradition sind in ihrer religiösen Bedeutung gleichrangig.

In historischer Perspektive wird die deutende Auslegung ab dem 2. Jahrhundert n. Chr. vor allem in den sog. Lehrhäusern entwickelt. Hier ringen Lehrer, Weise und Schriftgelehrte (die sog. *Rabbinen*) um die rechte Anwendung der einzelnen Gebote im Leben. Per Mehrheitsentschluss werden die Entscheidungen über die zutreffende Auslegung gefällt. Aus den Entscheidungen werden Lehrsätze, die zunächst mündlich tradiert werden. Später werden diese Lehrsätze in Sammlungen zusammengefasst und schriftlich fixiert. Auf diesem Wege soll eine sorgfältige und treue Weitergabe der *mündlichen Tora* von Generation zu Generation gesichert werden. Eine erste umfassende Sammlung von rabbinischen Auslegungen und Lehrsätzen entsteht im 2. Jahrhundert in Palästina. Diese Sammlung wird *Mischna* genannt (dt.: Wiederholung, im Sinne von Auswendiglernen bzw. Lernen).

Die Mischna umfasst sechs Teile, die sog. Ordnungen (hebr.: sedarim). Die erste Ordnung heißt Seraim (dt.: Saaten) und ist vor allem den Bereichen Landwirtschaft, Nahrungsverarbeitung und Ernteabgaben gewidmet (u.a. der sog. »Zehnte«, der den Leviten, den Priestern und den Armen zusteht). Im ersten Teilstück der Ordnung Seraim geht es unter der Überschrift Berachot (dt.: Segnungen/lt.: Benediktionen) um Segenssprüche und Gebete wie das Hauptgebet Schma Jisrael.

Die zweite Ordnung Moed (dt.: Festzeiten) ist den Fragen der Feste und Feiertage gewidmet.

In der dritten Ordnung Naschim (dt.: Frauen) geht es um Fragen des Ehe- bzw. Scheidungsrechts.

Die vierte Ordnung Nesikin (dt.: Schädigungen) behandelt Fragen, die sich mit den Stichworten Zivilrecht und Strafrecht beschreiben lassen. Daneben geht es um die Fragen des Götzendienstes sowie um die grundsätzliche Frage, wie mit irrtümlichen Lehren innerhalb der mündlichen Tora zu verfahren ist.

Die fünfte Ordnung Kodaschim (dt.: Heiligkeiten) befasst sich mit sämtlichen Fragen der Opferpraxis.

Die sechste Ordnung Toharot (dt.: Reinheiten) schließlich behandelt sog. Reinheitsvorschriften/Kaschrutvorschriften (vgl. S. 80ff.).

In der *Mischna* sind Gebote sowohl für den nach modernem Verständnis religiösen wie auch für den weltlichen Lebensbereich zusammengefasst. Zum Beispiel finden sich Fälle des Straf- und Zivilrechts neben Fragen der Gebetspraxis. Eine Unterscheidung von weltlichem und religiösem Recht findet man in der *Mischna* nicht, da das Leben in allen seinen Bereichen als von Gott geheiligt und zu heiligen gilt.

TALMUD

Auch den Lehrsätzen der *Mischna* werden weitere Erklärungen und Auslegungen beigefügt. Veränderte Lebensbedingungen in den folgenden Jahrhunderten bringen neue Kommentare und neue Lehrentscheidungen mit sich. Sie werden schließlich ebenfalls gesammelt, zusammengefasst und schriftlich fixiert. So entsteht zwischen dem 4. und dem 6. Jahrhundert der *Talmud*. Der *Talmud* (dt.: Lehre, Weisung) umfasst sowohl die gesamte *Mischna* als auch die Kommentare späterer Ausleger, die sog. *Gemara*. Man kann den *Talmud* als »Nationalbibliothek« des Judentums bezeichnen.

Im Prozess der Sammlung und Zusammenfassung entstehen zwei *Talmudim*, der Jerusalemer *Talmud* und der Babylonische *Talmud*. Der vornehmlich in den Lehrhäusern Babyloniens verfasste Babylonische *Talmud* ist für weite Teile der jüdischen Tradition der Maßgebende geworden.

Wer heute einen Talmud aufschlägt, findet auf einer *Talmudseite* noch weitere Texte. Das Bedürfnis, auch die Diskussionen der *Gemara* zu kommentieren und sie so einer veränderten Zeit verständlich zu machen, findet seine Fortsetzung in dem Werk des mittelalterlichen *Tal-*

> »*Der Mensch ist zuletzt geschaffen worden, damit, wenn er hochmütig wird, ihm gesagt werden kann: Selbst die Fliege ist vorher als du ins Dasein gerufen worden.*«
> Babylonischer Talmud, Sanhedrin 38 a

mudauslegers Rabbi Schlomo ben Jizchak, 1040–1105 (kurz: Raschi, nach den Anfangsbuchstaben seines Namens). Seine Auslegung der *Gemara* gilt als *der* Kommentar schlechthin.

Auf einer *Talmudseite* ist in der Mitte der Text der *Mischna* und der *Gemara* abgedruckt. Zur Buchmitte hin findet man den Kommentar von Raschi. Er ist zu erkennen an einer speziellen Schrifttype, der sog. Raschischrift. Sie lässt sich am ehesten als eine Art Kursivschrift der hebräischen Quadratschrift beschreiben. In derselben Schrifttpye am äußeren Buchrand finden sich Kommentare, die von Schülern Raschis verfasst wurden.

Die Tatsache, dass auf einer *Talmudseite* ganz verschiedene Texte umeinander herum gruppiert werden, weist auf ein Charakteristikum jüdischer Tradition hin. Als Kommentierung und Auslegung der Gebote werden vielfältige Diskussionen und sich bisweilen widersprechende Meinungen festgehalten. Einmal fixierte Vorschriften werden so nicht nur stets mit neuem Leben gefüllt, sondern die Mehrdeutigkeit wird dokumentiert und keinesfalls unterschlagen. Der *Talmud* eröffnet einen

מאימתי

קורין את שמע בערבין. "משעה שהכהנים נכנסים לאכול בתרומתן עד סוף האשמורה הראשונה דברי ר' אליעזר. וחכמים אומרים עד חצות. רבן גמליאל אומר "עד שיעלה עמוד השחר. מעשה ובאו בניו מבית המשתה אמרו לו לא קרינו את שמע אמר להם אם לא עלה עמוד השחר חייבין אתם לקרות ולא זו בלבד אמרו אלא "כל מה שאמרו חכמים עד חצות מצותן עד שיעלה עמוד השחר...

רב נסים גאון

Talmudseite

Einblick in die jüdische Denk- und Argumentationsweise jener Jahrhunderte, in der gelehrte Auseinandersetzung, Bereitschaft zum Widerspruch und weitreichende Anerkennung anderer Standpunkte im Mittelpunkt stehen. Dieses sog. ›rabbinische‹ oder ›talmudische‹ Denken gilt als ein Kennzeichen jüdischer Kultur und Lebensweise. Damit einher geht der Verzicht auf eine letztinstanzliche Lehrautorität.

Den *Talmud* zu studieren, die Auslegungen und Kommentare nachzuvollziehen sowie von hier aus Einsichten für die Gegenwart zu gewinnen, ist eine herausragende Aufgabe jüdischer Frömmigkeit. Im Blick auf diese Tradition wird jüdische Kultur deshalb bisweilen durch einen Grundzug steter Lernbereitschaft beschrieben.

b) Auslegung von Tora und Schrift

HALACHA

Halacha ist ähnlich wie *Tora* ein ebenso grundlegender wie vieldeutiger Begriff jüdischer Tradition. Mit *Halacha* (dt. wörtlich: Gehen, Wandeln) kann zum einen die Summe der Ge- und Verbote der schriftlichen und mündlichen Überlieferung in ihrem geschichtlichen Wandel bezeichnet werden. In diesem Sinne lässt sich sagen: *Tora, Mischna* und *Talmud* sind *Halacha*. Daneben kann *Halacha* auch eine bestimmte Entscheidung im Blick auf die Praxis meinen (»Dies ist eine *Halacha*, dem Mose gegeben am Sinai ...«). Schließlich steht der Begriff *Halacha* auch für eine besondere *Weise des Umgangs* mit der Tradition. Sie ist von dem Interesse geleitet die Gebote Gottes gewissenhaft auf die Lebensführung hin zu interpretieren. In diesem letzteren Sinne wird *Halacha* im folgenden Abschnitt verstanden.

Eine typische Weise halachischer Auslegung sind die sog. *Responsen*. Jüdische Gelehrte werden schriftlich ersucht zu einer offenen Auslegungsfrage Stellung zu nehmen. Die im Zusammenhang solcher Briefwechsel dokumentierten Antworten sind bis heute ein wichtiger Faktor bei der Entscheidungsfindung und Weiterentwicklung jüdischer Gebotsauslegung. Erste Sammlungen von *Responsen* finden sich bereits im *Talmud*, ihre Bedeutung nimmt ab dem 6. Jahrhundert n. Chr. zu. Die Zahl der historisch dokumentierten *Responsen* wird auf 300.000 geschätzt.

Die Form der *Responsen* wird auch heute als Auslegungspraxis in vielen jüdischen Gemeinden geschätzt.

In traditionellen Kreisen soll daneben das beständige, eigene Studium der *Tora* zu einem Leben nach den Geboten Gottes anleiten. Neben *Talmud* und *Mischna* spielen dabei die Werke des mittelalterlichen Philosophen und Rechtsgelehrten Maimonides (auch RaMBaM genannt nach den Anfangsbuchstaben von *Rabbi Moses ben Maimon*) eine wichtige Rolle. Sein Hauptwerk ›*Mischne Tora*‹ (dt.: Wiederholung der *Tora*)

Maimonides, genannt RamBam, vor seiner Mischne Tora

stellt eine systematische Erfassung und Auslegung der Gebote und Verbote der *Tora* dar. Berühmt ist daneben die prägnante Darstellung der *Halacha* von Josef Karo in seinem Werk ›*Schulchan Aruch*‹ (dt.: ›gedeckter Tisch‹) aus dem 16. Jahrhundert.

Die Bedeutung, die einzelne Juden der *Tora* und *Halacha* für ihr Leben beimessen, ist variabel. Die Intensität in der Befolgung der Gebote kann allerdings für die Einteilung verschiedener Gruppen im Judentum hilfreich sein (vgl. S. 25). Dabei ist allerdings zu beachten, dass nicht nur traditionelle, häufig als ›orthodox‹ bezeichnete Strömungen sich als halachisches Judentum verstehen. Auch moderne Gruppierungen, die eine individuell oder kulturell vermittelte Aneignung der Tradition in den Mittelpunkt stellen, beanspruchen, ein Leben gemäß der *Halacha* zu lehren und zu praktizieren.

Mit der Befolgung der *Halacha* ist ein wesentliches, möglicherweise das gewichtigste Merkmal der jüdischen Lebenswelt angesprochen. In Folge dieser am konkreten Lebenswandel orientierten Tradition wird das Judentum häufig als *orthopraktische*, d.h. am ›rechten Verhalten‹ (im Unterschied zur *orthodoxen*, d.h. am ›rechten Glauben‹ ausgerichteten) Religion bezeichnet. So gilt das Judentum als Religion des Tuns, das Christentum dagegen als Religion des Glaubens. In dieselbe Richtung, meist aber mit abwertendem Zungenschlag, weist die Bezeichnung des Judentums als ›Gesetzesreligion‹. Dieser Begriff suggeriert bei manchen, das Judentum sei eine starre, auf Gesetzestexte fixierte, eben ›gesetzliche‹ Religion. Demgegenüber gilt es festzuhalten, dass die jüdische Tradition zu allen Zeiten und in vielfältiger Weise mit Leben erfüllt wurde.

WEITERE FORMEN DER SCHRIFTAUSLEGUNG

Jüdische Bibelauslegung erschöpft sich nicht in der Deutung und Auslegung der Gebote. Sie dient im umfassenden Sinn der Erklärung sowie der Vergegenwärtigung biblischer Texte. Das hebräische Wort für ›Auslegen‹ heißt *Derasch*. Es kann sowohl *forschen* als auch *suchen* heißen. Der hebräische Begriff für Bibelauslegung leitet sich von *darasch* ab. Er heißt *Midrasch*. Die einzelnen Texte, in denen diese Auslegung überliefert ist, werden *Midraschim* genannt.

Eine der ursprünglichsten Formen der Aktualisierung ist die Übersetzung der Bibel in eine andere Sprache. Die ersten Übersetzungen der hebräischen Bibel ins Griechische beispielsweise interpretieren und aktualisieren die Bibel für die Vorstellungswelt des hellenistischen Judentums. Schon die ersten Übersetzungen, die um 300 v. Chr. entstehen, enthalten erklärende Zusätze sowie ausschmückende Nacherzählungen.

Eine weitere Gattung jüdischer Auslegung der Bibel wurde bereits oben ausführlich angesprochen: die Kommentierung und Fortschreibung der schriftlichen *Tora* in der mündlichen *Tora*. Sie kann auch *halachische Auslegung* genannt werden. Daneben gibt es eine Weise der Auslegung, die wegen ihres erzählenden Stils als *haggadisch* bezeichnet wird (*Haggada*, dt.: Erzählung). Dazu gehören verschiedene erzählerische Formen wie Geschichten, Sagen, Legenden, Anekdoten, Märchen, Fabeln, Gleichnisse, Wunder- und Weisheitsgeschichten, Rätsel u.v.a. Diese vermitteln vor allem ethische oder religiöse Einsichten und zielen – im Unterschied zur halachischen Auslegung – nicht auf die Herleitung praktischer Weisungen.

Die haggadische Schriftauslegung verknüpft Glauben, Leben und Schrift. Sie ist gekennzeichnet durch einen phantasiereichen Umgang mit dem biblischen Text und spielerische Freiheit bei der Anwendung der traditionellen Interpretationsregeln (hebr.: *Midot*). Ihren Ort hat die haggadische Auslegung vor allem im Gottesdienst. Sie dient der alltäglichen Stärkung und der Freude an Gottes Wort.

Haggada und Halacha – Halacha und Haggada – ein Beispiel

Als Beispiel jüdischer Schriftauslegung soll hier eine Passage dienen, in der in einer Erzählung die Frage zutreffender Halacha-Auslegung diskutiert wird.

Ausgangspunkt ist ein Streit zwischen Rabbi Elieser ben Hyrkanos mit einigen Schriftgelehrten darüber, ob ein nach einer bestimmten Bauart hergestellter Ofen im Sinne der Tora rein oder unrein ist: »An jenem Tage machte R. Elieser alle Einwendungen der Welt; man nahm sie aber von ihm nicht an. Hierauf sprach er: Wenn die Halacha [die richtige Entscheidung] ist wie ich [das heißt meiner Meinung entspricht], so mag das dieser Johannisbrotbaum beweisen. Da rückte der Johannisbrotbaum hundert Ellen von seinem Orte fort; ... Sie erwiderten: Man bringt keinen Beweis von einem Johannisbrotbaum. Hierauf sprach er: Wenn die Halacha wie ich ist, so mag dies dieser Wasserarm beweisen. Da trat der Wasserarm zurück. Sie erwiderten: Man bringt keinen Beweis von einem Wasserarm. Hierauf sprach er: Wenn die Halacha ist wie ich, so mögen dies die Wände des Lehrhauses beweisen. Da neigten sich die Wände des Lehrhauses und drohten einzustürzen. Da schrie sie Rabbi Josua an und sprach zu ihnen: Wenn die Gelehrten einander in der Halacha bekämpfen, was geht dies euch an! Sie stürzten hierauf nicht ein, der Ehre des Rabbi Josua wegen, und richteten sich auch nicht gerade auf, der Ehre des Rabbi Elieser wegen; sie stehen noch jetzt geneigt. Hierauf sprach er: Wenn die Halacha ist wie ich, so mögen sie es aus dem Himmel beweisen. Da erscholl eine Stimme vom Himmel und sprach: Was habt ihr gegen Rabbi Elieser? Die Halacha ist stets wie er. Da stand Rabbi Josua auf und sprach [Dtn 30,12]: Sie ist nicht im Himmel. Was heißt: Sie ist nicht im Himmel? R. Jirmeja erwiderte: Die Tora ist bereits vom Berge Sinai her verliehen worden [und befindet sich also nicht mehr im Himmel]. Wir achten auf keine himmlische Stimme, denn bereits am Berge Sinai hast Du in die Tora geschrieben [Ex 23,2]: Nach der Mehrheit ist zu entscheiden. R. Nathan traf den Propheten Elias und fragte ihn, was der Heilige, gelobt sei er, in dieser Stunde getan habe. Er erwiderte: Er [Gott] schmunzelte und sprach: Meine Kinder haben mich besiegt, meine Kinder haben mich besiegt.« (bBaba Mezia 59b; zit. nach C. Münz, *Der Welt ein Gedächtnis geben, Gütersloh 1995, 137, Anm. 67)*

Die Methoden der Schriftauslegung haben sich über die Jahrhunderte gewandelt. Philologische, ethische, rechtliche oder mehr der erbaulichen Auslegung verschriebene Methoden haben oft nebeneinander Anwendung gefunden.

Die mittelalterliche Lehre vom vierfachen Schriftsinn – ›Paradies‹
In einem ersten Durchgang wird versucht, den einfachen Wortsinn einer biblischen Stelle zu erheben (hebr.: Peschat, dt.: Einfachheit; Sinn: buchstäbliche Erklärung). Auf einer zweiten Stufe der Auslegung wird nach einem angedeuteten, verborgenen Sinn gefragt, der z. B. durch Zahlenmystik ermittelt werden kann. Diese Art der Auslegung wird Remes (dt.: Hinweis) genannt. In einem dritten Schritt wird ein sittlicher, tröstender oder erbaulicher Sinn des biblischen Wortes zu ermitteln versucht (hebr.: Derasch; dt.: Suche, Erforschung). Auf der vierten und letzten Stufe wird nach dem geheimnisvollen Sinn gefragt (hebr.: Sod; dt.: Geheimnis). Die Anfangsbuchstaben der vier Stufen - PRDS - ergeben das Wort: Pardes (dt.: Paradies). Es kann als Merkwort für die Regeln einer vierfachen Schriftauslegung benutzt werden. Es soll zugleich darauf hinweisen, wohin ein Verstehen und Befolgen biblischer Worte führen möchte.

Den verborgenen bzw. geheimnisvollen Sinn biblischer Worte entschlüsseln will auch die seit der Antike bekannte Methode der allegorischen Schriftauslegung. In einer Allegorese wird davon ausgegangen, dass ein biblisches Wort noch anderes spricht (griech.: allos; dt.: anders; griech.: agoreuo; dt.: reden), als es sein unmittelbar erkennbarer literarischer Sinn vermuten lässt. Auch hier steht wie bei aller Auslegung im Zentrum das Bestreben, die Worte, die in einer anderen Zeit entstanden sind, in ihrer Aktualität zu entfalten. Die jüdische Mystik (vgl. S. 34f.) bedient sich in besonderer Weise dieser Art der Auslegung. Die biblischen Worte werden hierbei als eine Darstellung begriffen, deren wahrer Sinn nur verhüllt offenbar wird.

Jüdische Bibelauslegung ist in Art und Methodik vielfältig. Halachische Auslegungen stehen neben haggadischen, mystische neben rationalen, erklärende neben tröstenden. Kurze, paradoxe Wendungen und lange Erzählungen, spruchähnliche Lebensweisheiten sowie Kommentare zu Geboten wechseln einander ab. Weite Teile der jüdischen Auslegung basieren auf der Überzeugung, dass

> »Wende und wende sie (die Tora), denn alles ist in ihr.« Ben Bag Bag, Talmud

die Tora, als schriftliche und mündliche Tora, schon vor der Erschaffung der Welt da gewesen sei. Daneben findet sich vor allem im universitären Bereich aber auch moderne Bibelkritik.

Zusammenfassend lässt sich sagen: Die jüdische Bibelauslegung erschöpft sich weder in angeblich trockener Gesetzesauslegung noch besteht sie ausschließlich aus erbaulichen Geschichten. Die meisten Traditionen jüdischer Bibelauslegung verbindet die Vorstellung, dass alles in der Tora enthalten ist – jetzige, kommende und vergangene Weisheit. Die Schrift legt sich selbst aus.

c) Jüdische Bibelauslegung und Neues Testament

Jüdische Bibelauslegung lässt sich im Neuen Testament wiederfinden. Die vier Evangelisten Matthäus, Markus, Lukas und Johannes sowie der Apostel Paulus zitieren und kommentieren häufig das Alte Testament. Einige Passagen in den Briefen des Paulus lassen sich gut als Midraschim, als klassische Auslegungen im Stile jüdischer Tradition, begreifen. Manche Gespräche zwischen Jesus und den Pharisäern scheinen vom Gestus her den Streitgesprächen der Rabbinen nahe, wie sie im Talmud überliefert sind. Das Ineinander von jüdischer Bibelauslegung und Neuem Testament überrascht nicht, wenn man sich die Herkunft der Verfasser neutestamentlicher Schriften vor Augen führt. Die Autoren waren mehrheitlich in der jüdischen Tradition beheimatet und mit ihr vertraut.

Im Blick auf diese Zusammenhänge wird häufig von einer »zweifachen Nachgeschichte« (R. Rendtorff) des Alten Testaments gesprochen: Es habe eine Kommentierung und Fortschreibung auf jüdischer Seite in Form von Talmud und Midraschim, auf christlicher Seite in Form des Neuen Testaments erfahren. Ein wichtiger Unterschied dürfte allerdings darin zu sehen sein, dass die Wege von Judentum und Christentum sich bereits zu trennen begannen, als im 2. Jahrhundert die Texte des Neuen Testaments zusammengestellt wurden. Die frühe christliche Kirche sah sich schon in Konkurrenz zum zeitgenössischen Judentum. Die Rede von der »*zweifachen Nachgeschichte*« sollte also nicht eine parallelisierende Gleichsetzung von *Talmud* und Neuem Testament suggerieren. Das Neue Testament ist als Schrift einer vom Judentum verschiedenen Religion etwas anderes als die jüdische Fortschreibung und Kommentierung der *Tora* in *Talmud* und *Midraschim*. Der Begriff »*zweifache Nachgeschichte*« will im Bewusstsein dieser Differenz Christinnen und Christen daran erinnern, wie eng die Glaubensquelle Neues Testament mit den Traditionen jüdischer Bibelauslegung verbunden ist.

POSITIONEN UND STRÖMUNGEN IM JUDENTUM

Zu allen Zeiten hat es verschiedene Gruppierungen und Bewegungen im Judentum gegeben, die einander ergänzten, ablösten oder auch in Auseinandersetzungen miteinander traten. Die Darstellung von verschiedenen Gedankengebäuden, unterschiedlichen Kulturen und einzelnen Gruppierungen kann hier nur in Form einer kleinen Auswahl erfolgen. Dabei soll einmal der Aspekt der *theoretischen Darstellung* jüdischer Lebens- und Glaubensweise, zum Zweiten der Aspekt *kultureller Verschiedenheit* und zum Dritten der Aspekt der *religiösen Richtungen* als Ausgangspunkt der Differenzierung dienen.

a) Jüdischen Glauben denken

Es ist charakteristisch für jüdisches religiöses Denken, dass es sich vorrangig der Auslegung der Weisungen Gottes widmet. Der Entwurf eines religiösen Denkgebäudes oder die Bestimmung jüdischer Glaubensinhalte erscheint demgegenüber nachgeordnet. Gleichwohl hat es zu allen Zeiten Entwürfe gegeben, die die Summe jüdischen Glaubens darzustellen suchen.

Erste Zusammenfassungen jüdischen Glaubens finden sich bereits in der Bibel. So ist der Eingangssatz des jüdischen Gebetes *Schma Jisrael* zugleich ein Bekenntnis zu dem einen Gott: »Höre Israel, der HERR ist unser Gott, der HERR ist einer«. Auch im Buch des Propheten Jona findet sich eine Art Glaubenszeugnis, wie es um das 4. Jahrhundert v. Chr. gebräuchlich gewesen sein dürfte. Jona erklärt: »Ich bin ein Hebräer und fürchte den HERRN, den Gott des Himmels, der das Meer und das Trockene gemacht hat.«

Aus der nachbiblischen jüdischen Tradition sind besonders bekannt die 13 Grundsätze des Maimonides (1135–1204), die Jahrhunderte nach seinem Tod in die Form von Glaubenssätzen gebracht worden sind. Dass sie im Folgenden in dichterischer Form wiedergegeben werden, soll verdeutlichen, dass es sich nicht um ein ›Glaubensbekenntnis‹ im christlichen Sinne handelt.

Die 13 Glaubensartikel nach Maimonides in dichterischer Form

»1. Ich glaube mit ganzem Vertrauen,
daß der Schöpfer, gelobt sei sein Name,
alle Geschöpfe erschafft und leitet
und daß er allein alle Werke vollbracht hat, vollbringt
und vollbringen wird.

2. Ich glaube mit ganzem Vertrauen,
daß der Schöpfer, gelobt sei sein Name, einzig ist,
daß es in keiner Hinsicht eine Einzigkeit gibt ihm gleich
und daß er allein unser Gott war, ist und sein wird.

3. Ich glaube mit ganzem Vertrauen,
daß der Schöpfer, gelobt sei sein Name, kein Körper ist,
daß man ihm nicht die Eigenschaft des Körpers beilegen kann
und daß es überhaupt nichts gibt, was ihm gleich ist.

4. Ich glaube mit ganzem Vertrauen,
daß der Schöpfer, gelobt sei sein Name,
der Erste und der Letzte ist.

5. Ich glaube mit ganzem Vertrauen,
daß zum Schöpfer, gelobt sei sein Name, allein zu beten sich gebührt,
und daß sich nicht gebührt, zu einem außer ihm zu beten.

6. Ich glaube mit ganzem Vertrauen,
   daß alle Worte der Propheten wahr sind.

7. Ich glaube mit ganzem Vertrauen,
   daß die Prophetie unseres Lehrers Mose, Friede über ihn,
   wahrhaftig war
   und daß er das Haupt der Propheten war, die vor und die nach ihm kamen.

8. Ich glaube mit ganzem Vertrauen,
   daß die ganze Tora, die sich jetzt in unseren Händen befindet,
   unserem Lehrer Mose, Friede über ihn, (von Gott) gegeben worden ist.

9. Ich glaube mit ganzem Vertrauen,
   daß diese Tora nicht verändert werden
   und keine andere Tora kommen wird vom Schöpfer,
   gelobt sei sein Name.

10. Ich glaube mit ganzem Vertrauen,
    daß der Schöpfer, gelobt sei sein Name,
    alle Werke der Menschen und all ihre Gedanken kennt,
    wie es heißt (Ps 33,15): ›der allein ihr Herz bildet,
    der alle ihre Werke weiß‹.

11. Ich glaube mit ganzem Vertrauen,
    daß der Schöpfer, gelobt sei sein Name,
    denen Gutes erweist, die seine Gebote halten,
    aber die bestraft, die seine Gebote übertreten.

12. Ich glaube mit ganzem Vertrauen
    an die Ankunft des Messias,
    und auch wenn er verzieht,
    so warte ich doch täglich auf ihn, daß er kommt.

13. Ich glaube mit ganzem Vertrauen,
    daß die Auferstehung der Toten zu einer Zeit sein wird,
    die der Wille des Schöpfers bestimmen wird,
    gelobt sei sein Name und hocherhoben sein Gedenken immerdar
    und in alle Ewigkeit.

Auf deine Hilfe hoffe ich, HERR.«

(aus: Peter von der Osten Sacken: Katechismus und Siddur,
2. Aufl. Berlin, 1994, S. 220f.)

Im Mittelpunkt jüdischen Denkens über den Glauben stehen das Lob und die Anerkennung der Einzigkeit Gottes. Daneben sind die Vorstellung des Bundes, zu dem Gott das Volk Israel erwählt hat, und die Gabe der Bundesweisungen von grundlegender Bedeutung. Abraham J. Heschel, jüdischer Religionsphilosoph des 20. Jahrhunderts, betont in diesem Sinne den Gedanken der Partnerschaft Gottes mit den Menschen als zentral für jüdisches Denken des Glaubens.

Eine eindeutige Unterscheidung zwischen religiösen und philosophischen Überlegungen ist in der jüdischen Tradition oft schwer möglich. Schon Philo von Alexandrien (ca. 20 v. Chr. – 50 n. Chr.) gilt als Philosoph und Theologe. Als gläubiger Jude und gebildeter Hellenist war Philo davon überzeugt, dass wesentliche Denkfiguren der griechischen Philosophie mit dem biblischen Glauben übereinstimmen. Auch die Werke der deutschen jüdischen Denker am Anfang des 20. Jahrhunderts – Martin Buber, Franz Rosenzweig und Hermann Cohen – sind sowohl aus philosophischer als auch aus theologischer Perspektive zu begreifen.

Zwei Charakteristika des Judentums sind für diesen Zusammenhang von entscheidender Bedeutung. Erstens: Das Judentum versteht sich ebenso als Religion wie als Volk. Geschichte und Tradition finden ihren Ausdruck in den Quellen jüdischen Geisteslebens, angefangen von der Bibel über den *Talmud* bis hin zur neuzeitlichen Philosophie. Religions- und Geistesgeschichte des jüdischen Volkes sind auf diese Weise eng miteinander verbunden, ja über weite Strecken eins. Zweitens: In weiten Teilen der Tradition ist der Lebenswandel den Glaubensvorstellungen vorgeordnet. An die Stelle des Glaubensbekenntnisses tritt die Treue zu Gottes Weisungen.

b) Jüdische Kultur und Lebenswelt

Seit der Zeit des Exils hat das Judentum stets seine Identität im wechselseitigen Austausch mit anderen Kulturen gefunden und bewahrt. Der Babylonische *Talmud* ist in den jüdischen Lehrhäusern Babyloniens entstanden. Diese kulturelle Tradition fand ihre Fortsetzung vor allem im *sephardischen* Judentum. Als *Sephardim* werden jene Jüdinnen und Juden bezeichnet, die bis 1492 hauptsächlich in Spanien und Portugal gelebt haben und die sich, von dort vertrieben, in Südosteuropa, Nordafrika, Asien, aber auch in Holland, England, Nordwestdeutschland und Amerika niedergelassen haben. Sephardische Gelehrte haben bis zum Ende des 15. Jahrhunderts maßgeblich die *Halacha*, die hebräische Sprachwissenschaft und die hebräische Poesie geprägt. Darüber hinaus waren vor allem sie es, die die arabische Wissenschaft in Verbindung mit der griechischen Philosophie nach Europa vermittelt haben.

Von den *Sephardim* unterschieden werden die *Aschkenasim*. So werden seit dem Mittelalter Jüdinnen und Juden genannt, die zunächst in Mitteleuropa – Deutschland, Frankreich oder Norditalien – zu Hause waren. Später wurde vor allem Osteuropa zur Heimat aschkenasischer Juden. Dort entwickelte sich im 18. Jahrhundert die aschkenasische Frömmigkeitsbewegung des Chassidismus (vgl. S. 34 f.). Zu Beginn des 19. Jahrhunderts waren schätzungsweise 90 % aller Juden in der Welt aschkenasischer Herkunft. Ihre Sprache war – und ist teils bis heute – das Jiddische. Die überwiegende Mehrheit der zionistischen Einwanderer nach

> *»In den vergangenen tausend Jahren blühten zwei Haupttraditionen der Judenheit; sie entsprachen den zwei Gruppen, die nacheinander die geistige Vorherrschaft hatten: zuerst die spanisch-sephardische und in der späteren Zeit die aschkenasische.«* Abraham Joshua Heschel

Palästina in den ersten fünf Einwanderungswellen vor 1940 waren *Aschkenasim* aus Mittel- und Osteuropa. Bei der Gründung des Staates Israel 1948 waren etwa 80 % der Jüdinnen und Juden *Aschkenasim*.

Im Gegensatz zu den *Sephardim* und den *Aschkenasim* haben die sog. ›orientalischen‹ Juden niemals in Europa gelebt. Ihre Gemeinden in Südwestasien, Nordafrika, Indien und den Ländern des Nahen Ostens gehen – nach eigenem Selbstverständnis – bis auf die Zeit des ersten Tempels (10.-6. Jahrhundert v. Chr.) zurück. Jüdinnen und Juden orientalischer Herkunft leben heute zu großen Teilen in Israel und bilden dort inzwischen eine Mehrheit. Die kulturellen Differenzen zu den aschkenasischen Juden haben vor allem in den ersten Jahrzehnten nach der Staatsgründung zu sozialen Spannungen in Israel geführt. Seitdem haben sich die unterschiedlichen Traditionen zunehmend vermischt und eine neue Kultur wachsen lassen. Einen wesentlichen Beitrag zu der gesellschaftlichen Aufbau- und Integrationsarbeit der israelisch-jüdischen

Gesellschaft hat die Wiederbelebung des Hebräischen als moderne, lebendige Sprache geleistet.

Etwa ein Drittel der Jüdinnen und Juden lebt gegenwärtig in *Amerika*. Besonders im 19. und 20. Jahrhundert hat das Einwanderungsland USA den in Europa diskriminierten und verfolgten Juden ein Zuhause gegeben. Das konservative Judentum, das die Verbindung von modernem, kritischem Denken und Bewahrung jüdischer Tradition und Kultur ins Zentrum rückt, hat nicht zuletzt deshalb in Amerika besondere Bedeutung erlangt.

c) Jüdische Glaubenswege – Religiöse Richtungen

Die Entstehung der religiösen Richtungen im Judentum moderner Prägung ist eng mit der Aufklärung verbunden. Im 18. und 19. Jahrhundert öffnen sich in Europa die Tore der jüdischen Ghettos. Das Streben nach bürgerlicher Gleichstellung bewirkt eine stärkere Integration in die christliche Mehrheitsgesellschaft. Gleichzeitig bedeutet es eine Tendenz zur Anpassung an die christliche Umwelt (Übernahme kultureller Eigenheiten, Bräuche, Sprache etc.). Jüdische Aufklärer wie z. B. Moses Mendelssohn plädieren in dieser Zeit dafür, die sichtbaren wie die unsichtbaren Mauern zu überwinden. Sie streben die Emanzipation der Juden an. Diese schließt für sie die Hinwendung zu allgemeiner Bildung und zur Landessprache ein.

Die mit der gesellschaftlichen Integration verknüpfte Anpassung an die christliche Gesellschaft ist innerhalb des Judentums umstritten. Auf Seiten traditionellerer Gruppen besteht die Sorge, eine starke Angleichung an die bestehende Kultur der Umwelt (Assimilation) käme der Aufgabe jüdischer Identität gleich. In der religiösen Praxis entstehen auf diesem Hintergrund verschiedene religiöse Richtungen im Judentum.

LIBERALES JUDENTUM/REFORMJUDENTUM

Das liberale Judentum (auch Reformjudentum genannt) entsteht Anfang des 19. Jahrhunderts in Deutschland.

Im Zentrum dieser Bewegung steht in historischer Perspektive zunächst eine Reform des jüdischen Gottesdienstes. Neben den Gebeten

in hebräischer Sprache wird die Landessprache im Gottesdienst eingeführt. Wöchentliche Predigt in der Landessprache, Chorgesang und
Orgelbegleitung werden zu Merkmalen der Reformgemeinden. Begleitet wird diese Reform von
grundlegenden Rückfragen
an bestimmte Lehren der jüdischen Tradition. So wird
intensiv diskutiert, welche
Gebote der *Tora* in der modernen, aufgeklärten Welt
befolgt werden müssen. Als
grundlegendes Element des
Judentums wird vor allem
ein ethischer Monotheismus
angesehen. Dessen Eigenart
liege darin, sich politischen

*Rabbinerin Evelyn Goodman-Thau (rechts)
und Kantorin Avitall Gerstetter in der Synagoge
Oranienburger Straße in Berlin*

und kulturellen Umständen anpassen zu können. So werden die ethi-
schen Gebote der *Tora* gelten gelassen, das sog. ›Zeremonialgesetz‹
hingegen (die religiösen Riten und Gebräuche im Zusammenhang von
Gottesdiensten und Festen) wird in seiner überlieferten Form zu einer
überwundenen Phase der jüdischen Entwicklung erklärt.

Daneben kommt es im 20. Jahrhundert in der Praxis liberaler Gemeinden allgemein zur Abschaffung der Geschlechtertrennung im Gottesdienst. Im Zuge allmählicher Gleichberechtigung werden Frauen
schließlich auch zum Rabbinatsstudium zugelassen (vgl. S. 36f.).

Heute ist die Praxis innerhalb der liberalen Gemeinden verschieden. Es gibt Gemeinden, die ihren Gottesdienst hauptsächlich in hebräischer Sprache halten, andere verwenden bei der Feier vorwiegend die
Sprache des jeweiligen Landes, in dem sie leben. Gemeinden des liberalen Judentums gibt es gegenwärtig vor allem in den Vereinigten Staaten, daneben in England, Frankreich, Kanada, Australien, Neuseeland,
Argentinien und Brasilien. In Israel ist das liberale Judentum in der Minderheit. In Deutschland, wo die Geschichte des Reformjudentums einst
ihren Ausgang nahm, sind in den letzten Jahren mehrere liberale Gemeinden (wieder) begründet worden. Die gemeinsame, weltweite Dach-

organisation des Reformjudentums ist die »World Union for Progressive Judaism«.

›ORTHODOXES‹ JUDENTUM

Einige Jahrzehnte nach dem Aufkommen des Reformjudentums im 19. Jahrhundert bildet sich als Reaktion die moderne Richtung des sog. ›orthodoxen‹ Judentums. Seinen Vertretern geht es vor allem um die Verteidigung der angefochtenen Traditionen. Die Bezeichnung ›orthodox‹ stammt ursprünglich von liberaler Seite und war zunächst keine Selbstbezeichnung. Im Sinne jüdischer Tradition geht es eher um das rechte Tun (Orthopraxie) als um den rechten Glauben (Orthodoxie). Gleichwohl haben viele traditionelle Gruppierungen den Begriff ›orthodox‹ als Selbstbezeichnung übernommen.

Orthodoxe Gruppen im Judentum vertreten die Kontinuität jüdischer Tradition seit der Offenbarung am Sinai. Die *Tora* sei in ihrer vorhandenen Form Mose von Gott am Sinai gegeben worden, zusammen

mit der ›mündlichen *Tora*‹, die ihren schriftlichen Niederschlag in der rabbinischen Literatur gefunden habe. Die historischen Erklärungen der Entstehung von Bibel und *Tora*, wie sie in der modernen Wissenschaft des Judentums üblich sind, werden kritisch bis ablehnend gesehen.

Traditionell gekleidete sephardischer und aschkenasische Juden und Jüdinnen

Aus der ununterbrochenen Traditionskette von Mose bis heute wird die Gültigkeit der Gebote und ihrer Auslegungen begründet. Hierzu gehören äußerlich sichtbar vor allem das Gebot der Schabbatruhe, die Speisevorschriften und die Gebetspraxis. Gottesdienst- und Gebetssprache ist Hebräisch.

Das orthodoxe Judentum ist kein einheitlicher Block, sondern besteht aus verschiedensten Gruppierungen. Ursächlich hierfür ist nicht zuletzt das Festhalten vieler Gruppen an lokalen, kulturellen Vorschriften und Bräuchen, die in die jüdische Tradition integriert worden sind. Äußerliche Merkmale hiervon sind häufig bestimmte Kleidungstraditionen (schwarze oder weiße Mäntel, spezielle Hüte), Haartrachten (Schläfenlocken, lange Bärte) oder Sprachtraditionen (jiddische Dialekte). Unsachgemäß wäre es aber, die Praxis frommer, orthodoxer Jüdinnen und Juden deshalb mit Feindlichkeit gegenüber der Moderne und ihren Errungenschaften gleichzusetzen. In der Gegenwart ist die *moderne Orthodoxie* eine der bestimmenden Richtungen im Judentum. Sie bemüht sich um die Verbindung zwischen jüdischen Traditionen und der modernen Welt mit ihren technischen Errungenschaften. Es ist ihr Ziel, die Befolgung der *Tora* mit der Kultur und der Partizipation am gesellschaftlichen Leben des jeweiligen Heimatlandes zu vereinbaren.

Konservatives Judentum/Masorti Bewegung

Masorti (dt.: traditionell) ist in Israel und Europa die Bezeichnung für die konservative Bewegung im Judentum. Das ›konservative‹ Judentum ist eine Bewegung, die im Zuge der Auseinandersetzungen zwischen liberalen und ›orthodoxen‹ Anhängern im 19. Jahrhundert entstanden ist. Konservative Gemeinden standen und stehen in vielerlei Hinsicht dem liberalen Judentum nahe. Ursprünglich handelte es sich beim ›konservativen Judentum‹ um ein Absetzen von nach ihrer Meinung zu radikalen Reformen innerhalb der liberalen Bewegung.

Ein Aushalten der Spannung von Tradition und Wandel drückt die Grundhaltung konservativer Gemeinden bis in unsere Zeit aus. In ihnen ist

Gesetzestreuer Jude mit Kippa

heute in der Regel die Trennung von Männern und Frauen im Gottesdienst aufgehoben, Frauen sind gleichberechtigt im Blick auf Religionspraxis und Rabbinatsberuf, der Gottesdienst wird meist auf Hebräisch gefeiert. Gleichwohl gelten die hebräische Sprache und die traditionelle Kultur als einigendes Band und Garant für den Zusammenhalt des Judentums und die Bewahrung jüdischer Identität. Kennzeichen für das konservative Judentum ist ein hohes Maß an Flexibilität und Pluralismus.

JÜDISCHE MYSTIK UND CHASSIDISCHE GRUPPEN

Neben den rabbinischen und den religiös-philosophischen Traditionen gibt es im Judentum eine Strömung mystischen Charakters: die *Kabbala* (dt. wörtlich: Tradition, Überlieferung, Weiterführung). In ihrem Zentrum steht die Erforschung der Geheimnisse der *Tora*.

Die Lehre der jüdischen Mystik geht davon aus, dass der unfassbare, ganz jenseitige, unnennbare Gott die Welt durch einen Akt der Selbstbeschränkung geschaffen habe. Durch eine urzeitliche, kosmische Katastrophe sowie in Folge des Sündenfalls des Menschen seien Brüche und Funkensplitter in der Schöpfung entstanden. Aufgabe des Volkes Israel sei es, die Wiederherstellung der ursprünglichen All-Einheit Gottes herbeizuführen. Der einzelne fromme Jude arbeite hieran mit, indem er eine Anpassung an das göttliche Einheitswirken vollziehe, d.h. indem er sich durch mystische Versenkung dem Wirken Gottes in ihm öffne. Die Lehre der Kabbala ist konsequente Lehre über die Einheit Gottes und über die Neuverwirklichung dieser Einheit. Zur Verwirklichung dieser Einheit komme es mit der Ankunft des Messias.

Die Blütezeit der jüdischen Mystik liegt zwischen dem 12. und dem 17. Jahrhundert. Als populäre, volksverbundene Bewegung ist der Chassidismus (Kreis der Frommen) seit dem Mittelalter Träger zahlreicher Gedanken und Vorstellungen der jüdischen Mystik. Die stärkste Wirkung übt bis heute der osteuropäische Chassidismus des 18. und 19. Jahrhunderts aus. Als Stifter dieser Bewegung gilt der Charismatiker und Wundertäter Baal-Schem-Tov (1700 – 1760). Die *Chassidim* sehen es im Zusammenhang der mystischen Lehre als ihre Aufgabe an, durch Askese, durch Ausstrahlung von Freude und durch Gebotserfüllung die

Rückführung des eigenen göttlichen Funkens und der göttlichen Funken in der Schöpfung zu bewirken. Eine zentrale Rolle hat hierbei das Beispiel des gerecht Handelnden.

Vor allem Martin Buber und der zeitgenössische Schriftsteller Elie Wiesel haben in der Moderne die Geschichten des Chassidismus einem christlichen Publikum nahe gebracht. Der häufig volkstümliche, von tiefem Ernst und zugleich befreiendem Witz geprägte Charakter der Erzählungen hat die chassidischen Geschichten zu einem festen Bestandteil christlicher Wahrnehmung des Judentums – in Predigt und Unterricht – gemacht. Die Freude an der chassidischen Tradition sollte allerdings kein klischeeartiges Bild vom Judentum begründen. Die Ineinssetzung von Judentum und Chassidismus übersähe, dass die jüdische Mystik und der Chassidismus oft in Widerspruch zu den rabbinischen und philosophischen Traditionen des Judentums standen.

Die Kraft des Erzählens – Eine chassidische Geschichte

»Wenn der Großrabbi Israel Baal-Schem-Tov sah, daß dem jüdischen Volk Unheil drohte, zog er sich für gewöhnlich an einen bestimmten Ort im Walde zurück; dort zündete er ein Feuer an, sprach ein bestimmtes Gebet, und das Wunder geschah: Das Unheil war gebannt.

Später, als sein Schüler, der berühmte Maggid von Mesritsch, aus den gleichen Gründen im Himmel vorstellig werden sollte, begab er sich an denselben Ort im Wald und sagte: HERR des Weltalls, leih mir dein Ohr. Ich weiß zwar nicht, wie man ein Feuer entzündet, doch ich bin noch imstande, das Gebet zu sprechen. Und das Wunder geschah.

Später ging auch der Rabbi Mosche Leib von Sasow, um sein Volk zu retten, in den Wald und sagte: Ich weiß nicht, wie man ein Feuer entzündet, ich kenn' auch das Gebet nicht, ich finde aber wenigstens den Ort, und das sollte genügen. Und es genügte: Wiederum geschah das Wunder.

Dann kam der Rabbi Israel von Rizzin an die Reihe, um die Bedrohung zu vereiteln. Er saß im Sessel, legte seinen Kopf in beide Hände und sagte zu Gott: Ich bin unfähig, das Feuer zu entzünden, ich kenne nicht das Gebet, ich vermag nicht einmal den Ort im Walde wiederzufinden. Alles, was ich tun kann, ist, diese Geschichte zu erzählen. Das sollte genügen. Und es genügte.«

(aus: E. Wiesel: Die Pforte des Waldes, Frankfurt/M., 1967, S. 7)

Zusammenfassend lässt sich sagen: Die Darstellung von liberalen, orthodoxen, konservativen (*masorti*) und chassidisch-mystischen Strömungen gibt einige Hinweise auf die innere Pluralität der jüdischen Religion. Auseinandersetzungen und Ringen um den rechten Weg gehören ebenso zum Judentum wie ein Bewusstsein, trotz aller Unterschiede miteinander verbunden zu sein. Die Organisation der verschiedenen Wege nimmt ihren Ausgang meist auf der Ebene der Gemeinden. Menschen gleicher Gebets- und Glaubenspraxis bilden die Synagogengemeinden. Die Vorstellung von Konfessionen, in der Menschen gleichen Bekenntnisses zusammengeschlossen sind, liegt der jüdischen Tradition eher fern. Verkürzend lässt sich sagen: Im Christentum gibt es eher einen Streit um das Bekenntnis, im Judentum um die Praxis. Dabei kennzeichnen innere Pluralität sowie lebenspraktische Ausrichtung die Vielgestaltigkeit des Judentums.

d) Frau und Mann im Judentum

Die Frage nach der gleichberechtigten Position der Frauen hat wie kein anderes Thema in den vergangenen Jahrzehnten zu tiefgreifenden Veränderungen innerhalb des Judentums geführt. Die biblische Überlieferung, die Rechtstradition und der Kultus stehen dabei auf dem Prüfstand. Die Antworten fallen sehr unterschiedlich aus. Sie spiegeln nicht zuletzt die kulturellen Einflüsse, denen das Judentum jeweils ausgesetzt ist, wider.

DIE TRADITIONELLE SICHT

Traditionell geprägte Jüdinnen und Juden verweisen auf die prinzipielle Gleichberechtigung von Mann und Frau, die sich schon aus den biblischen Schöpfungserzählungen ableiten lasse. Nach deren klassischer Interpretation sind Mann und Frau von Anfang an aufeinander hin geschaffen und dazu bestimmt, einander zum vollen Menschsein zu verhelfen.

Gott schuf den Menschen zu seinem Bilde, zum Bilde Gottes schuf er ihn; und schuf sie als Mann und Weib (hebr.: Isch und Ischa) (1 Mose 1,27). – Darum wird ein Mann seinen Vater und seine Mutter verlas-

sen und seinem Weibe anhangen, und sie werden sein ein Fleisch.«
(1 Mose 2,24)

Ehe und Familie gelten als die von Gott gewollte natürliche Ordnung.
Eva als Urbild der Frau steht als »Mutter aller, die da leben« (1 Mose
3,20) in hohem Ansehen. Das religiöse Ideal eines hingebungsvollen, auf

die Gemeinschaft ausgerichteten Lebens sehen traditionelle Juden in der
Lebensform Ehe und in der Rolle der
Frau als *Priesterin des Hauses* in idealer
Weise verwirklicht. Die liebevolle Hin-
führung der Kinder zur Tradition und
die Bewahrung jüdischer Werte, die der
Frau anvertraut sind, werden als ebenso
wesentlich erachtet wie die Verpflichtung des Mannes, seinen Kindern »*Tora*
zu lehren«. Das Streben nach Selbst-
verwirklichung wird dagegen als egois-
tische Haltung kritisch bewertet. Anhänger der traditionellen Sicht betonen,
dass man die verschiedenen Rollen, die
Mann und Frau zugeschrieben werden,
nicht als Ausdruck unterschiedlicher
Wertschätzung missverstehen dürfe.

*Ein Vater und seine Söhne kommen
nach dem gemeinsamen Gebet
von der Westmauer.*

Allerdings gibt es auch im orthodoxen Judentum unter Frauen ein
wachsendes Interesse, *Tora*, *Mischna* und *Talmud* zu studieren. Nach
dem Ersten Weltkrieg gründete Sarah Schnirer (1883 – 1939) in Polen
die Bet-Jaakov-Schulen, die traditionelle Studien und praktische Berufs-
ausbildung kombinierten. In den USA und Israel gibt es heute aner-
kannte Lehrinstitute für orthodoxe Frauen, die ihre Sichtweisen in die
halachische Diskussion einbringen.

NEUERE STRÖMUNGEN

Liberale Strömungen im Judentum, die besonders in Nordamerika die
Mehrheit repräsentieren, haben sich in vielen Punkten dem sich wan-
delnden Selbstverständnis der Frauen und der modernen Vielfalt der

Fähigkeiten und Berufungen hat Gott in unsere Brust gesenkt und nicht nach dem Geschlecht gefragt. So hat ein jeder die Pflicht, ob Mann oder Frau, nach den Gaben, die Gott ihm schenkte, zu wirken und zu schaffen.

Regina Jonas 1938

Rabbinerin Regina Jonas

Regina Jonas wurde 1902 in Berlin geboren. Ihre Studien schloss sie 1930 an der Lehranstalt für die Wissenschaft des Judentums ab. Die Semicha, die Ordination zur Rabbinerin, erhielt sie 1934 durch Rabbiner Max Dienemann. Sie arbeitete als Rabbinerin in Berlin, was auch regelmäßiges Predigen mit einschloss, bis sie deportiert wurde. 1944 starb sie in Auschwitz.

Lebensformen geöffnet. Sie verweisen auf die prinzipiell offene Diskussion über die gültige *Halacha*: Auch in früheren Jahrhunderten habe man sie den sich verändernden Lebensumständen immer wieder flexibel angepasst. So war die Einführung einer getrennten Sitzordnung für Männer und Frauen im 13. Jahrhundert eine Reaktion auf die damaligen Sitten der islamischen und christlichen Welt. Auch die Abschaffung der Polygamie (Heirat mit mehr als einer Ehefrau) hatte praktische Gründe. Themen, die in der innerjüdischen Debatte um die Gleichberechtigung der Frauen immer wieder vorkommen, sind:

– der Ehevertrag, der für Mann und Frau traditionell verschiedene Regelungen enthält
– das Recht des Ehemannes, die Scheidung (nach rabbinischem Recht) zu verweigern
– das Recht, im rabbinischen Gericht als Zeugin auszusagen
– das traditionelle Erbrecht (heute eine nur theoretische Frage)
– die Erfüllung von Geboten, zu denen nach der Tradition Frauen nicht verpflichtet – nach Meinung progressiver Richtungen aber berech-

tigt – sind (z. B. das Tragen von Gebetsriemen und Gebetsschal, Lesung aus der *Tora, Frauenminjan,* öffentliches Gebet)
- Reinheitsvorschriften (die ohne die Erfahrung der davon betroffenen Frauen formuliert wurden)
- gerechte Sprache in Gebetstexten und Bibelübersetzungen
- *Bat Mizwa*-Feier für Mädchen
- das Amt der *Rabbinerin* und der Kantorin

Die Auseinandersetzung mit der eigenen Tradition ist für viele Jüdinnen in den letzten Jahren immer wichtiger geworden. Das liberale Judentum hat seine Auffassung von der gleichberechtigten Position der Frauen beispielsweise in der Umformulierung seiner Gebetbücher zum Ausdruck gebracht. Im konservativen Judentum wurde nach längerer Diskussion das Rabbinat auch für Frauen eingeführt. In Deutschland hat sich die Gruppe *Bet Debora* als Forum jüdisch-feministischer Erneuerung einen Namen gemacht.

Religiöses Leben

Jüdisches Leben ist außerordentlich vielfältig und in der modernen säkularisierten Gesellschaft längst nicht überall von religiösen Traditionen geprägt. Dies gilt es zu beachten, wenn im Folgenden Brauchtum und religiöse Traditionen des Judentums vorgestellt werden.

LEBEN MIT DEN GEBOTEN GOTTES

Ein jüdisches Haus erkennt man oft an einer kleinen länglichen Kapsel, die am Türpfosten befestigt ist. Sie heißt *Mesusa* und enthält eine handge-

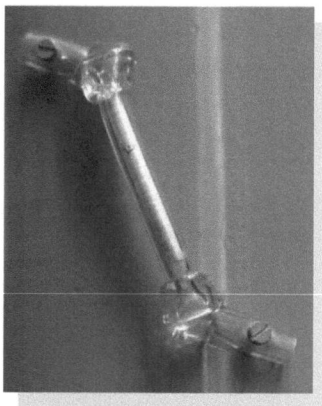

Mesusa mit dem inneliegenden Text des Schma Jisrael

schriebene Pergamentrolle mit zwei biblischen Texten: 5 Mose 6,4-9: »Höre, Israel, der HERR ist unser Gott, der HERR allein. Und du sollst den HERRN, deinen Gott, lieb haben von ganzem Herzen, von ganzer Seele und mit all deiner Kraft ...« und 5 Mose 11,13-21: »... So nehmt nun diese Worte zu Herzen und in eure Seele ... und lehrt sie eure Kinder ... und schreibe sie an die Pfosten deines Hauses und an deine Tore.«

Die *Mesusa* ist ein Symbol für jüdisches Leben. Wer immer ein Haus betritt oder verlässt, soll sich an die Gebote Gottes erinnern. Das ganz alltägliche Leben ist der Raum, in welchem der Auftrag, Gott zu lieben, sich bewähren muss. Manche Juden berühren die *Mesusa* im Vorbeigehen mit der Hand. Dann führen sie diese zum Mund und küssen sie. So drücken sie ihre Wertschätzung für die *Tora* aus, mit der Gott sein Volk Israel geheiligt hat.

Im Judentum steht nicht ein bestimmter Glaubensinhalt, sondern das Handeln in Übereinstimmung mit den Geboten (*Mizwot*) an erster Stelle. Es gibt, anders als im Christentum, keine von allen als verbindlich betrachteten Glaubensbekenntnisse und keine alleinige Lehr-autorität. Das Judentum hat seine Identität durch die Jahrtausende eher in einer bestimmten *Lebensweise* als in einer einheitlichen Lehre be-wahrt.

Das jüdische Morgengebet dankt Gott dafür, dass er den Menschen geheiligt hat durch die Beachtung der Gebote an der Vollendung der Schöpfung mitzuwirken. Das Wort *Tora,* das im Deutschen oft missver-ständlich mit »Gesetz« übersetzt wird, hat für Juden einen positiven Klang. *Tora* ist im umfassenden Sinne die Weisung Gottes zu einem gerechten und guten Leben im Bund mit Gott.

JÜDISCHES BETEN

a) Gebetszeiten und Riten

Für religiöse Juden ist das ganze Leben Gottesdienst. Alle Ereignisse des Tages und des Lebenslaufes werden von Gebeten und Segenswor-ten begleitet (vgl. S. 74ff.).

Es gibt drei tägliche Gebetszeiten: das Morgengebet (*Schacharit*), das Nachmittagsgebet (*Mincha*) und das Abendgebet (*Maariw*).

Nach Möglichkeit betet man in Gemeinschaft. Für bestimmte Gebe-te ist die Anwesenheit von mindestens zehn religiös mündigen Juden (hebr.: *Minjan*) erforderlich. In orthodoxen Gemeinden werden dabei nur die Männer gezählt. Mädchen werden mit zwölf, Jungen mit drei-zehn Jahren religiös mündig.

Das jüdische Gebet ist von bestimmten Ritualen begleitet. Dazu ge-hört das rituelle Waschen der Hände, das mit einem Segensspruch ein-geleitet wird. Alle Männer tragen während des Gebets eine *Kippa* oder einen Hut. Orthodoxe Frauen bedecken in der Regel ihr Haar mit einem Kopftuch oder einer anderen Kopfbedeckung.

Zum täglichen Morgengebet und am *Schabbat* legen viele Juden einen Gebetsschal um *(Tallit)*. Dabei handelt es sich um ein großes recht-eckiges Tuch mit Schaufäden an den Ecken. Alltags legen sie auch ihre Gebetsriemen *(Tefillin)* an. Die kleinen Kapseln, die nach biblischer

Weisung (5 Mose 6,8) auf die Stirn und an den linken Arm, der zum Herzen führt, gebunden werden, enthalten das *Schma Jisrael* und weitere Bibelverse.

Gebetet wird meist im Stehen. Viele Betende bewegen dabei ihren Oberkörper rhythmisch vor und zurück. Die Hände werden nicht gefaltet. Man betet aus dem aufgeschlagenen Gebetbuch *(Siddur)* in hebräischer Sprache. In vielen Ausgaben findet sich neben dem hebräischen Text eine Übersetzung in die Landessprache. Die Melodien der gesungenen Gebete variieren in den verschiedenen Traditionen. Die Gebetstexte für Alltag und Festtage folgen einer festen Ordnung. In nichtorthodoxen Gemeinden wurden die traditionellen Texte des Gebetbuches teilweise überarbeitet, z. B. in frauengerechter Sprache. Die Anwesenheit eines Rabbiners ist für das gemeinschaftliche Gebet nicht erforderlich. Jeder kann die Rolle des Vorbeters übernehmen.

Jüdin beim Beten an der Westmauer

b) Die bekanntesten jüdischen Gebete

Die Psalmen sind vielen Jüdinnen und Juden als Gebete vertraut. Die meisten Gebete des *Siddur* sind von der Sprache der Bibel geprägt.

Das *Schma Jisrael* ist das Herzstück biblisch-jüdischer Tradition. Es ist das erste Gebet, das ein jüdisches Kind lernt, und das letzte, das in Erwartung des nahen Todes gesprochen wird. Man betet das *Schma* nach dem Aufstehen am frühen Morgen und nachts vor dem Schlafengehen. Es findet sich in jeder *Mesusa* und in den *Tefillin.*

Das *Schma* ist kein Gebet im gewöhnlichen Sinn des Wortes. Es gilt schon zur Zeit Jesu als »höchstes Gebot«, in dem die ganze *Tora* zusammengefasst ist (vgl. Mk 12,29f.). Es ruft Israel zum Glauben an den einen Gott. Der Einzigkeit Gottes entspricht auf der Seite des Menschen die ungeteilte Hingabe und Zuwendung zu diesem Gott. Im *Tal-*

Jüdische Lebenswelten

mud heißt es: Jeder Jude, der das *Schma* betet, macht Gott zum König. Er bekräftigt seine Bereitschaft, Gott als den Einzigen, den König der Welt zu akzeptieren.

Der vollständige Text besteht aus folgenden drei biblischen Abschnitten: 5 Mose 6,4-9; 11,13-21; 4 Mose 15,37-41.

»Höre, Israel, der Herr ist unser Gott, der Herr allein. Und du sollst den Herrn, deinen Gott, lieb haben von ganzem Herzen, von ganzer Seele und mit all deiner Kraft. Und diese Worte, die ich dir heute gebiete, sollst du zu Herzen nehmen und sollst sie deinen Kindern einschärfen und davon reden, wenn du in deinem Hause sitzt oder unterwegs bist, wenn du dich niederlegst oder aufstehst. Und du sollst sie binden zum Zeichen auf deine Hand, und sie sollen dir ein Merkzeichen zwischen deinen Augen sein, und du sollst sie schreiben auf die Pfosten deines Hauses und an die Tore.«

(5 Mose 6,4-9)

Hebräischer Text des Schma Jisrael

4 שְׁמַע יִשְׂרָאֵל יְהוָה אֱלֹהֵינוּ יְהוָה אֶחָד׃
5 וְאָהַבְתָּ אֵת יְהוָה אֱלֹהֶיךָ בְּכָל־לְבָבְךָ וּבְכָל־נַפְשְׁךָ וּבְכָל־מְאֹדֶךָ׃
6 וְהָיוּ הַדְּבָרִים הָאֵלֶּה אֲשֶׁר אָנֹכִי מְצַוְּךָ הַיּוֹם עַל־לְבָבֶךָ׃
7 וְשִׁנַּנְתָּם לְבָנֶיךָ וְדִבַּרְתָּ בָּם בְּשִׁבְתְּךָ בְּבֵיתֶךָ וּבְלֶכְתְּךָ בַדֶּרֶךְ וּבְשָׁכְבְּךָ וּבְקוּמֶךָ׃
8 וּקְשַׁרְתָּם לְאוֹת עַל־יָדֶךָ וְהָיוּ לְטֹטָפֹת בֵּין עֵינֶיךָ׃
9 וּכְתַבְתָּם עַל־מְזוּזֹת בֵּיתֶךָ וּבִשְׁעָרֶיךָ׃ ס

»Werdet ihr nun auf meine Gebote hören, die ich euch heute gebiete, dass ihr den Herrn, euren Gott liebet und ihm dienet von ganzem Herzen und von ganzer Seele, so will ich eurem Lande Regen geben zu seiner Zeit, Frühregen und Spätregen, dass du einsammelst dein Getreide, deinen Wein und dein Öl, und will deinem Vieh Gras geben auf deinem Felde, dass ihr esset und satt werdet. Hütet euch aber, dass sich euer Herz nicht betören lasse, dass ihr abfallet und dienet andern Göttern und betet sie an, und dass dann der Zorn des Herrn entbrenne über euch und schließe den Himmel zu, so dass kein Regen kommt und die Erde ihr Gewächs nicht gibt und ihr bald ausgetilgt werdet aus dem guten Lande, das euch der Herr gegeben hat. So nehmt nun diese Worte zu Herzen und in eure Seele und bindet sie zum Zeichen auf eure Hand und macht sie zum Merkzeichen zwischen euren Augen und lehrt sie eure Kinder, dass du davon redest, wenn du in deinem Hause sitzt oder unterwegs bist, wenn du dich niederlegst und wenn du aufstehst. Und schreibe sie an die Pfosten deines Hauses und an deine Tore, auf dass ihr und eure Kinder lange lebt in dem Lande, das der Herr, wie er deinen

Vätern geschworen hat, ihnen geben will, solange die Tage des Himmels über der Erde währen.«

(5 Mose 11,13-21)

»Und der HERR sprach zu Mose: Rede mit den Israeliten und sprich zu ihnen, dass sie und ihre Nachkommen sich Quasten (Schaufäden) machen an den Zipfeln ihrer Kleider und blaue Schnüre an die Quasten der Zipfel tun. Und dazu sollen die Quasten euch dienen: Sooft ihr sie anseht, sollt ihr an alle Gebote des HERRN denken und sie tun, damit ihr euch nicht von eurem Herzen noch von euren Augen verführen lasst und abgöttisch werdet, sondern ihr sollt an alle meine Gebote denken und sie tun, dass ihr heilig seid eurem Gott. Ich bin der HERR, eurer Gott, der euch aus Ägyptenland geführt hat, dass ich euer Gott sei, ich, der HERR, euer Gott.«

(4 Mose 15,37-41)

DAS ACHTZEHNBITTENGEBET (SCHMONE-ESRE) – AMIDA

Der traditionelle Name Achtzehnbittengebet wurde beibehalten, obwohl sich im Laufe der Zeit eine Textfassung durchgesetzt hat, die 19 Segensbitten enthält. Das Achtzehnbittengebet, das wegen seiner großen Bedeutung oft einfach »das Gebet« *(Ha-Tefilla)* genannt wird, ist das Hauptgebet im Gottesdienst. Es wird dreimal am Tag von jedem einzelnen still gebetet. Es heißt, weil es stehend gesprochen wird, auch *Amida* (hebr.: *amad*; dt.: stehen).

Drei Lobsprüche am Anfang und drei Danksprüche am Ende bilden den Grundbestand der *Amida*. Der Mittelteil aus 13 Bitten entfällt am *Schabbat* und an den freudigen Feiertagen, weil man sich selbst und Gott an diesen Tagen nicht mit Sorgen belasten soll. Er wird dann durch die sog. »Heiligung des Tages« ersetzt.

»1. Väter (AWOT)

Gelobt seist du, Ewiger, unser Gott und Gott unserer Väter, Gott Abrahams, Gott Isaaks und Gott Jakobs, großer starker und furchtbarer Gott, höchster Gott, der du beglückende Wohltaten erweisest und Eigner des Alls bist, der du der Frömmigkeit der Väter gedenkst und einen Erlöser bringst ihren Kindeskindern um deines Namens willen in Liebe. König, Helfer, Retter und Schild! Gelobt seist du, Ewiger, Schild Abrahams!

2. *Machttaten (GEWUROT)*
   Du bist mächtig in Ewigkeit, HERR, belebst die Toten, du bist stark zum Helfen. Du ernährst die Lebenden mit Gnade, belebst die Toten in großem Erbarmen, stützest die Fallenden, heilst die Kranken, befreist die Gefesselten und hältst die Treue denen, die im Staube schlafen. Wer ist wie du, Herr der Allmacht, und wer gleichet dir, König, der du tötest und belebst und Heil aufsprießen lässt. Und treu bist du, die Toten wieder zu beleben. Gelobt seist du, Ewiger, der du die Toten wieder belebst!

3. *Die Heiligung des Namens (KEDUSCHAT HASCHEM)*
   Du bist heilig, und dein Name ist heilig, und Heilige preisen dich jeden Tag. Sela! Gelobt seist du, Ewiger, heiliger Gott!

4. *Verstehen (BINA)*
   Du begnadest den Menschen mit Erkenntnis und lehrst den Menschen Einsicht, begnade uns von dir mit Erkenntnis, Einsicht und Verstand. Gelobt seist du, Ewiger, der du mit Erkenntnis begnadest!

5. *Umkehr (TESCHUWA)*
   Führe uns zurück, unser Vater, zu deiner Lehre, und bringe uns, unser König, deinem Dienst nahe und lass uns in vollkommener Rückkehr zu dir zurückkehren. Gelobt seist du, Ewiger, der du an der Rückkehr Wohlgefallen hast!

6. *Vergebung (SLICHA)*
   Verzeihe uns, unser Vater, denn wir haben gesündigt, vergib uns, unser König, denn wir haben gefrevelt, denn du vergibst und verzeihst. Gelobt seist du, Ewiger, der du gnädig immer wieder verzeihst!

7. *Erlösung (GEULLA)*
   Schaue auf unser Elend, führe unseren Streit und erlöse uns rasch um deines Namens willen, denn du bist ein starker Erlöser. Gelobt seist du, Ewiger, der du Israel erlösest!

8. *Heilung (REFUA)*
   Heile uns, Ewiger, dann sind wir geheilt, hilf uns, dann ist uns geholfen, denn du bist unser Ruhm, und bringe vollkommene Heilung allen unseren Wunden, denn Gott, König, ein bewährter und barmherziger Arzt bist du. Gelobt seist du, Ewiger, der du die Kranken deines Volkes Israel heilst!

9. *Segnung der Jahre (BIRKAT HASCHANNIM)*
   Segne uns, Ewiger, unser Gott, dieses Jahr und alle Arten seines Ertrages zum Guten, gib Segen der Oberfläche der Erde, sättige uns mit deinem Gute und segne unser Jahr wie die guten Jahre. Gelobt seist du, Ewiger, der du die Jahre segnest!

10. Sammlung der Zerstreuten (KIBBUZ GALUJOT)
Stoße in das große Schofar zu unserer Befreiung, erhebe das Panier, unsere
Verbannten zu sammeln, und sammle uns insgesamt von den vier Enden der
Erde. Gelobt seist du, Ewiger, der du die Verstoßenen deines Volkes Israel
sammelst!

11. Rückkehr der Gerichtshöfe (SCHIWAT BATE HAMISCHPAT)
Bringe unsere Richter wieder wie früher und unsere Ratgeber wie ehedem,
entferne von uns Seufzen und Klage, regiere über uns, Ewiger, allein in Gnade
und Erbarmen und rechtfertige uns im Gericht. Gelobt seist du, Ewiger, König,
der du Gerechtigkeit und Recht liebst!

12. Verwünschung der Häretiker (BIRKAT HAMINIM)
Den Verleumdern sei keine Hoffnung, und alle Ruchlosen mögen im Augenblick untergehen, alle mögen sie rasch ausgerottet werden, und die Trotzigen
schnell entwurzle, zerschmettre, wirf nieder und demütige sie schnell in unseren Tagen. Gelobt seist du, Ewiger, der du die Feinde zerbrichst und die Trotzigen demütigst!

13. Gerechte (ZADDIKIM)
Über die Gerechten, über die Frommen, über die Ältesten deines Volkes, des
Hauses Israel, über den Überrest ihrer Gelehrten, über die frommen Proselyten
und über uns sei dein Erbarmen rege, Ewiger, unser Gott, gib guten Lohn allen,
die auf deinen Namen in Wahrheit vertrauen, und gib unseren Anteil mit dem
ihrigen zusammen in Ewigkeit, dass wir nicht zuschanden werden, denn auf dich
vertrauen wir. Gelobt seist du, Ewiger, Stütze und Zuversicht der Frommen!

14. Erbauer Jerusalems (BONE JERUSCHALAJIM)
Nach deiner Stadt Jerusalem kehre in Erbarmen zurück, wohne in ihr, wie du
gesprochen, erbaue sie bald in unseren Tagen als ewigen Bau, und Davids
Thron gründe schnell in ihr. Gelobt seist du, Ewiger, der du Jerusalem erbaust!

15. Spross Davids (ZEMACH DAVID)
Den Sprössling deines Knechtes David lass rasch emporsprießen, sein Horn
erhöhe durch deine Hilfe, denn auf deine Hilfe hoffen wir den ganzen Tag.
Gelobt seist du, Ewiger, der das Horn der Hilfe emporsprießen lässt.

16. Gebet (SCHOMEA TEFILLA)
Höre unsere Stimme, Ewiger, unser Gott, schone und erbarme dich über uns,
nimm mit Erbarmen und Wohlgefallen unser Gebet an, denn Gott, der du
Gebete und Flehen erhörst, bist du, weise uns, unser König, nicht leer von dir
hinweg. Denn du erhörst das Gebet deines Volkes Israel in Erbarmen. Gelobt
seist du, Ewiger, der du das Gebet erhörst!

17. *Gottesdienst* (Awoda)

Habe Wohlgefallen, Ewiger, unser Gott, an deinem Volke Israel und ihrem Gebete, und bringe den Dienst wieder in das Heiligtum deines Hauses, und die Feueropfer Israels und ihr Gebet nimm in Liebe auf mit Wohlgefallen, und zum Wohlgefallen sei beständig der Dienst deines Volkes Israel. Und unsere Augen mögen schauen, wenn du nach Zion zurückkehrst in Erbarmen. Gelobt seist du, Ewiger, der seine Majestät nach Zion zurückbringt!

18. *Dank* (Hodaa)

Wir danken dir, denn du bist der Ewige, unser Gott und der Gott unserer Väter, immer und ewig, der Fels unseres Lebens, der Schild unseres Heils bist du von Geschlecht zu Geschlecht. Wir wollen dir danken und deinen Ruhm erzählen für unser Leben, das in deine Hand gegeben, und unsere Seelen, die dir anvertraut, und deine Wunder, die uns täglich zuteil werden, und deine Wundertaten und Wohltaten zu jeder Zeit, abends, morgens und mittags. Allgütiger, dein Erbarmen ist nie zu Ende, Allbarmherziger, deine Gnade hört nie auf, von je hoffen wir auf dich. Für alles sei dein Name gepriesen und gerühmt, unser König, beständig und immer und ewig. Alle Lebenden danken dir, Sela, und rühmen deinen Namen in Wahrheit, Gott unserer Hilfe und unseres Beistandes, Sela! Gelobt seist du, Ewiger, Allgütiger ist dein Name, und dir ist schön zu danken!

19. *Friedenssegen* (Birkat Haschalom)

Verleihe Frieden, Glück und Segen, Gunst und Gnade und Erbarmen uns und ganz Israel, deinem Volke, segne uns, unser Vater, uns alle vereint durch das Licht deines Angesichts, denn im Lichte deines Angesichtes gabst du uns, Ewiger, unser Gott, die Lehre des Lebens und die Liebe zum Guten, Heil und Segen, Barmherzigkeit, Leben und Frieden, und gut ist es in deinen Augen, dein Volk Israel zu jeder Zeit und jeder Stunde mit deinem Frieden zu segnen. Gelobt seist du, Ewiger, der du dein Volk Israel mit Frieden segnest!«

(aus: Siddur Sefat Emet (Jüdisches Gebetbuch), Basel, 1964, S. 40ff.)

DAS KADDISCH

Durch die Wendung »*Kaddisch* sagen« ist auch manchem Nichtjuden dieses Gebet dem Namen nach bekannt. Dabei handelt es sich um den jüdischen Brauch, für die verstorbenen Eltern jeweils ein Jahr lang und später an ihrem Todestag an einer bestimmten Stelle des Synagogengottesdienstes eine Form des *Kaddisch*, das *Kaddisch* der Waisen (*Kaddisch Jatom*), zu sprechen. Ursprünglich hat das *Kaddisch*, das in seinem Grundbestand auf die Zeit des zweiten Tempels zurückgeht, seinen

Ort am Ende des Gottesdienstes. Nicht die Klage, sondern das Lob Gottes und der Ausblick auf die Gottesherrschaft stehen im Vordergrund.

Auffällig ist die Nähe der ersten beiden Bitten zum Anfang des Vaterunser. Die Sprache des *Kaddisch* ist Aramäisch.

»Verherrlicht und geheiligt werde Sein erhabener Name in der Welt, die ER nach Seinem Ratschluss geschaffen hat. ER lasse Sein Reich kommen, sodass ihr alle mit dem ganzen Haus Israel in unseren Tagen, bald und in naher Zeit es erleben möget. Darauf sprechet: Amen.
Sein erhabener Name sei gepriesen immerdar in Ewigkeit.
Gepriesen und gelobt, verherrlicht und erhoben, verehrt und gerühmt, gefeiert und besungen werde der Name des Allmächtigen, gelobt sei ER hoch über alles Lob und Lied und Preis und Trost, die in der Welt ihm dargebracht werden.
Darauf sprechet: Amen.
Des Friedens Fülle komme aus Himmelshöhe und Leben für uns und ganz Israel.
Darauf sprechet: Amen.
Der Frieden stiftet in seinen Höhen, ER gebe Frieden uns, ganz Israel und allen Menschen.
Darauf sprechet: Amen.«

DAS ALENU

Dieser sehr alte Hymnus, der nach seinem Anfangswort *(An uns ist es...)* benannt ist, wird seit dem 14. Jahrhundert am Ende eines jeden Gottesdienstes gesprochen. Er richtet den Blick auf die Vollendung der Gottesherrschaft.

»An uns ist es,
den HERRN über alles zu rühmen,
den Schöpfer des ›Anbeginns‹ zu erheben,
daß er uns nicht gemacht hat wie die Völker der Länder
und nicht bestimmt hat wie die Stämme der Erde,
daß er unser Teil nicht festgesetzt hat wie das ihre
und unser Los nicht wie das all ihrer Menge. (...)
Denn wir bücken uns, knien nieder und danken dem König aller Könige,
dem Heiligen, gelobt sei er,
denn er spannt den Himmel aus und gründet die Erde,
der Sitz seiner Herrlichkeit ist im Himmel oben

und die Gegenwart seiner Macht in den höchsten Höhen.
Er ist unser König, keiner sonst,
in Wahrheit unser König, keiner außer ihm,
wie geschrieben steht in seiner Lehre:
›Und du sollst heute erkennen und dir zu Herzen nehmen,
daß der HERR Gott ist im Himmel oben und auf der Erden unten,
keiner sonst.‹ (Dtn 4,39)
Darum hoffen wir auf dich, HERR, unser Gott,
bald die Herrlichkeit deiner Macht zu schauen,
daß sie hinwegschaffe die Greuel von der Erde
und alle Götzen ausgerottet werden,
daß die Welt zurechtgebracht werde durch die Herrschaft des Allmächtigen
und alle Menschenkinder deinen Namen anrufen,
alle Frevler auf Erden sich zu dir wenden,
und alle Bewohner des Erdkreises wahrnehmen und erkennen,
daß vor dir jedes Knie sich beugen, jede Zunge schwören soll.
Vor dir, unser Gott, werden sie die Knie beugen und niederfallen
und deinem herrlichen Namen Ehre erweisen.
Sie alle werden das Joch deiner Herrschaft auf sich nehmen,
und du wirst über sie herrschen bald für immer und ewig,
wie geschrieben steht in deiner Lehre:
›Der HERR wird herrschen für immer und ewig!‹ (Ex 15,18)
Und (ferner) heißt es:
›Und der HERR wird König sein über die ganze Erde,
an jenem Tag wird der HERR einer sein und sein Name einer sein!‹« (Sach 14,9)

(Übersetzung nach dem hebräischen Text von Siddur Sefat Emet von Peter von der Osten Sacken, in: Katechismus und Siddur, Berlin, 1994, 2. Aufl. S. 349f.)

Sachlich steht das Alenu 1 Kor 15,28 nahe:

»Wenn aber alles ihm untertan sein wird, dann wird auch der Sohn selbst untertan sein dem, der ihm alles unterworfen hat, damit Gott sei alles in allem.«

Adon Olam

Als eines der schönsten und poetischsten Stücke des Gebetbuches gilt das Lied *Adon Olam* (dt.: Herr der Welt). Es wird dem mittelalterlichen Dichter Salomo Ibn Gabirol (ca. 1021 – 1058) zugeschrieben. *Adon Olam* ist Teil des täglichen Morgengebets. Es wird auch zum Abschluss des Gottesdienstes in der Synagoge gesungen.

»Gott aller Welt, du hast regiert,
eh' ein Geschöpf geschaffen ward.
Als einst durch dich das All entstand,
da ward dein Nam' ›König‹ genannt.

Und einst am Ende aller Zeit
wirst du allein regier'n in Macht.
Du warst, du bist, und du wirst sein,
die Herrlichkeit ist dir allein.

Einzig bist du, und keiner ist
vergleichbar dir, Gott aller Welt.
Du bist ohn' Anfang, und ohn' End',
du hast die Macht, bist der Regent.

Du bist mein Gott, du rettest mich,
du bist mein Fels, bin ich in Not.
Du bist mein Schutz, mein Zufluchtsort.
versorgest mich, wenn ich dich ruf.

Mein Geist birgt sich in deiner Hand,
stets, sei ich schlafend oder wach.
Und auch mein Leib birgt sich in dir,
ich fürcht mich nicht, du bist bei mir.«

(aus: Seder hat-tefillot. Das jüdische Gebetbuch Bd. 1,
Hg. von Jonathan Magonet, Gütersloh, 1997)

Das Gebet der Christen wurzelt in der jüdischen Tradition, in der Jesus, seine Jünger und die frühe Gemeinde zu Hause waren. Die im Neuen Testament enthaltenen Gebete sind von der Sprache der Psalmen geprägt. Die Bitten des Vaterunsers finden sich ganz ähnlich auch in jüdischen Gebeten.

c) Der öffentliche Gottesdienst

Der jüdische Gottesdienst hat sich über Jahrhunderte entwickelt. Er hat manche Elemente des Tempelgottesdienstes bewahrt. Das öffentliche Gebet ist als »Dienst des Herzens« nach der Zerstörung des Tempels im Jahre 70 n. Chr. an die Stelle des Opferkultes getreten. Die täglichen Gebetszeiten lehnen sich an die einstigen Opferzeiten an.

Innenraum der Darmstädter Synagoge mit Toraschrein, Toralesepult, Gebetsmänteln und Gebetbüchern

Christlicher und jüdischer Gottesdienst haben eine gemeinsame Grundlage in der biblischen Überlieferung. Beide haben als wesentliche Elemente Schriftlesung, Gebet und Gesang, beide kennen einen festen Ablauf (Liturgie) und die Beteiligung der ganzen Gemeinde.

Als Gebet- und Gesangbuch in einem dient der Gemeinde der *Siddur* (dt.: Ordnung). Insgesamt besteht in den verschiedenen Strömungen des Judentums eine große Übereinstimmung im Aufbau der Gottesdienste. Im Einzelnen gibt es aber, besonders zwischen Reformgemeinden und orthodoxen Gemeinden, auch Unterschiede.

d) Die Synagoge

Ins Auge fällt dem Besucher einer Synagoge der *Toraschrein* (*Aaron ha-Kodesch*) an der Stirnseite der Synagoge und das Pult, von dem aus die Lesung aus der *Torarolle* erfolgt. Letzteres steht oft im Zentrum des Bethauses.

Jüdischer Gottesdienst braucht nicht unbedingt einen besonderen Gottesdienstraum. Zehn Juden (ein *Minjan*) an einem Ort bilden eine »Synagoge«. Das Wort Synagoge bedeutet ursprünglich »Versammlung«.

In Amerika heißen viele jüdische Bethäuser »Tempel«. Diese Bezeichnung stammt aus dem deutschen Reformjudentum des 19. Jahrhunderts. Damals wollte man betonen, dass jedes jüdische Gotteshaus in jedem Land der Erde das einstige Heiligtum in Jerusalem ersetzen könne.

Synagogen sind wie Kirchen in ihrer äußeren Gestalt und Einrichtung sehr verschieden.

Es gibt keinen Altar und nur selten (in manchen Reformsynagogen) eine Orgel. Wie in reformierten Kirchen oder Moscheen gibt es keine bildlichen Darstellungen. Für die Frauen findet man in orthodoxen Synagogen oft eine Frauenempore oder einen abgetrennten Bereich, von dem aus sie am Gottesdienst teilnehmen. Die Trennung soll eine gegenseitige Ablenkung beim Gebet verhindern. In nichtorthodoxen Gemeinden sitzen Männer und Frauen zusammen.

> »Die Synagoge ... ist das religiöse Rathaus, wo der Wille Gottes nicht nur durch Gebet und Erörterungen gefunden wird, sondern wo er auch verwirklicht wird.«
>
> Rabbiner Lionel Blue

Am jüdischen Gottesdienst ist die ganze Gemeinde aktiv beteiligt. Die Rolle des Vorbeters bzw. Kantors (*Chasán*) kann grundsätzlich jedem übertragen werden. Zur Lesung aus der *Tora* werden verschiedene Mitglieder der Gemeinde aufgerufen. In orthodoxen Gemeinden sind dies nur Männer.

In manchen Gemeinden gibt es auch hauptberufliche Kantoren und *Rabbiner*. Auch Frauen können in nichtorthodoxen Gemeinden diese Ämter bekleiden. Die Funktion des *Rabbiners* ist mit dem Pastorenamt nur bedingt vergleichbar. *Rabbiner* sind keine »Geistlichen«, sondern in erster Linie Lehrer, die die Gemeinde in religiösen und rechtlichen Fragen beraten und in diesen Dingen Entscheidungen treffen.

In deutschen Gemeinden tragen *Rabbiner* und Vorbeter häufig Talar und Beffchen wie evangelische Pastoren sowie ein Barett. Diese Sitte geht auf eine Anordnung des preußischen Königs Friedrich Wilhelm III. zurück.

In den meisten Synagogen geht es ungezwungen zu. Die Betenden folgen oft ihrem eigenen Rhythmus, so dass ein lebendiges Stimmengewirr entstehen kann. Die Gebetssprache ist fast überall Hebräisch. Wenn es eine Predigt gibt, wird sie meist in der Landessprache gehalten.

Jüdische Lebenswelten

Die Melodien der Gesänge haben vielfältige Quellen. Auch kirchliche Gesänge und Volkslieder haben darin Eingang gefunden. Viele Gebetbücher sind zweisprachig gedruckt, so dass man auch ohne Kenntnis des Hebräischen den Gottesdienst mit vollziehen kann. Manche Gebetsrufe wie »Amen« und »Halleluja« sind auch christlichen Gottesdienstbesuchern vertraut.

Ein orthodoxer *Schabbatgottesdienst* dauert zwei bis drei Stunden. In nichtorthodoxen Gemeinden ist er etwas kürzer. An den Festtagen gibt es besondere Riten und Gebräuche, die den Gottesdienst bereichern sowie zusätzliche Lesungen aus dem *Tenach*.

e) Der Gottesdienst am Schabbatmorgen

Der Hauptgottesdienst am *Schabbat* findet vormittags statt, nachdem bereits am Vorabend der *Schabbat* mit einem Abendgebet und einer häuslichen Feier gebührend empfangen wurde. Nach jüdischem Verständnis beginnt der Tag mit dem Abend (vgl. 1 Mose 1,5: »Da ward aus Abend und Morgen der erste Tag.«).

Traditionstreue Juden beginnen jeden Tag mit einem ausführlichen Morgengebet. Es enthält Segenssprüche (*Berachot*), Lobgesänge (Psalmen, Studientexte und Lieder), das *Schma Jisrael* mit den dazugehörigen Lobsprüchen, die *Amida* und das Schlussgebet. Diese Gebete prägen (mit etlichen Ergänzungen und einigen Auslassungen) auch den *Schabbatgottesdienst*. Wie am Montag und Donnerstag wird auch am *Schabbatmorgen* nach der *Amida* ein *Tora*-Gottesdienst eingefügt. Er beginnt mit dem feierlichen Öffnen des *Toraschrankes*. Die mit Samtmantel und Krone geschmückte *Torarolle* wird herausgehoben und zum Pult getragen, enthüllt und an der richtigen Stelle aufgerollt. Die *Tora* (gemeint sind hier die fünf Bücher Mose) ist in 54 Wochenabschnitte (hebr.: *Parascha*; dt.: Abschnitt) unterteilt, sodass im Laufe eines Jahres die ganze *Torarolle* gelesen bzw. gesungen wird.

Zur Lesung werden sieben Personen nacheinander an das Pult gerufen, zuerst nach Möglichkeit Nachkommen von Priestern und Leviten (*Cohen* und *Levi*). Zu Beginn und am Ende eines Abschnitts sprechen sie den Segen über die Tora. Die Lesung im überlieferten Sprechgesang wird meist vom Kantor gehalten. Dazu benutzt er einen *Torazeiger* als Lesehilfe. So wird die Heiligkeit des Wortes unterstrichen und zugleich der wertvolle handgeschriebene Text geschont.

Nach der *Toralesung* wird der dazugehörige Abschnitt aus den Prophetenbüchern (*Haftara*) gelesen. Anschließend wird die *Torarolle*

Tora-Lesung in der Synagoge in Darmstadt

in einer feierlichen Prozession durch die Gemeinde getragen, wobei Gottesdienstteilnehmer sie mit den Schaufäden ihres Gebetsschales berühren und diese küssen. Mit dem Einheben der *Torarolle* in den *Toraschrank* endet dieser Teil.

Es folgt die Predigt durch den *Rabbiner* oder ein anderes Gemeindemitglied. Den Abschluss des Gottesdienstes bilden verschiedene Gebete aus nachbiblischer Zeit, darunter ein Gebet für das Vaterland und die Glaubenssätze des Maimonides, Psalmen, der Hymnus *Alenu* und das *Kaddisch*.

f) Hinweise für den Synagogenbesuch

In vielen Gemeinden ist es nach Anmeldung möglich, mit einer Gruppe die Synagoge zu besuchen. In Großstadtgemeinden lässt sich meist auch ein Gespräch mit dem Kantor, dem *Rabbiner* oder einem Gemeindeglied verabreden.

Die Teilnahme von christlichen Gruppen an einem Synagogengottesdienst ist angesichts der geringen Zahl jüdischer Gemeinden in Deutschland nur auf besondere Anfrage und in begrenztem Umfang möglich.

Vor einem verabredeten Besuch in der jüdischen Gemeinde (vielerorts auch »Israelitische Kultusgemeinde« genannt) ist es ratsam, sich zu erkundigen, welche Sitzplätze für Gäste zur Verfügung stehen. Gemeindeglieder haben oft feste Plätze in der Synagoge. Männer sollten zum Synagogenbesuch eine Kopfbedeckung mitbringen. Die Kleidung ist am *Schabbat* festlich. Gebetbücher können meist ausgeliehen werden. Um den Schriftlesungen folgen zu können, empfiehlt es sich, den Wochenabschnitt vorher zu lesen. Während des Gottesdienstes sollte man sich als Gast zusammen mit der Gemeinde erheben und setzen.

In einigen Gemeinden in Deutschland und im benachbarten Ausland wird im Rahmen der Sicherheitskontrollen ein Ausweis verlangt.

DAS JÜDISCHE FESTJAHR

Wer sich im jüdischen Jahr orientieren will, kann zunächst ein wenig irritiert sein: Der *erste* Monat des Jahres ist der Frühjahrsmonat *Nissan* (ca. Ende März/April). Das jüdische Neujahrsfest wird jedoch im Herbst gefeiert, am ersten Tag des Monats *Tischri*. Daran ist abzulesen, dass der jüdische Kalender in der Begegnung mit benachbarten Kulturen entstanden ist. In einigen orientalischen Kulturen beginnt das Jahr im Frühling, in anderen mit dem Einsetzen der Regenzeit im Herbst.

Die jüdischen Monatsnamen stammen aus Babylon. Von dort wurde auch die Einteilung des Jahres nach Sonne und Mond (lunisolar) übernommen, die allerdings lange umstritten blieb. Erst 358 n. Chr. wurde der jüdische Kalender endgültig festgelegt: Das Jahr besteht aus 12 Mondmonaten mit 29 oder 30 Tagen. Es hat also nur 354 Tage. Jeder Monat beginnt mit dem Neumond, die Monatsmitte fällt immer auf den Vollmond. Da die jüdischen Feste in Beziehung zu den Jahreszeiten stehen, wird in Schaltjahren der Monat *Adar* verdoppelt, so dass sich die Festtage – anders als im islamischen Mondkalender – nur unwesentlich verschieben.

Die jüdische Jahreszählung beginnt mit der Erschaffung der Welt. Die *Rabbinen* errechneten dafür nach biblischen Angaben das Jahr 3760 (bzw. 3761) vor der christlichen Zeitrechnung. Das Jahr 2000 n. Chr. entspricht also dem Jahr 5760/61 nach jüdischer Zeitrechnung. Neben dem jüdischen Kalender wird heute aus praktischen Gründen vielfach der allgemein übliche gregorianische Kalender benutzt.

Der Charakter der Feste hat sich im Laufe der Jahrhunderte verändert. Am deutlichsten wird dies am Zyklus der Pilgerfeste *Pessach*, Wochenfest und Laubhüttenfest, vgl. 2 Mose 23,14ff.; 4 Mose 28f.). Diese Feste sind deutlich als Erntedankfeste zu erkennen, an denen die Pilger mit Getreidegaben und Früchten zum Tempel hinauf zogen. Bereits in biblischer Zeit kommt aber eine zweite Deutung hinzu, die zunehmend wichtig wird: das gemeinsame Erinnern wichtiger Ereignisse in der Geschichte des Volkes Israel. Jede Generation soll durch den Vollzug der Festrituale die Erfahrungen früherer Generationen nachempfinden und sich zu Eigen machen.

a) Der Zyklus der drei Pilgerfeste: Pessach, Wochenfest und Laubhüttenfest

PESSACH

Zu *Pessach* feiern Jüdinnen und Juden die Befreiung Israels aus Ägypten. Kein anderes Ereignis in der Geschichte Israels wird in der Bibel, im *Talmud* und in den jüdischen Gebetbüchern häufiger in Erinnerung gerufen. Die von Gott geschenkte Freiheit wird als »Geburtstag Israels« verstanden. Sie bildet die Grundlage der Gottesbeziehung und die Voraussetzung für alle weitere Geschichte zwischen Gott und seinem Volk.

Die biblische Erzählung vom Auszug der Kinder Israels aus der Sklaverei steht im 2 Mose, 12f. Zwei ältere Feste liegen der Erzählung zugrunde: Das rituelle *Schlachten von Lämmern* am 14. *Nissan* geht vermutlich auf ein Nomadenfest zurück, das zur Zeit des Weidewechsels im Frühjahr begangen wurde. Bis zur Zerstörung des Tempels im Jahr 70 n. Chr. schlachteten und verzehrten auch die jüdischen Pilger, die nach Jerusalem hinauf zogen, zum *Pessachmahl* ein Lamm (das »Osterlamm«; vgl. auch Mk 14,12 par). Heute erinnert noch ein Knochen auf dem *Sederteller* an das Opferlamm. Das zweite Fest war das bäuerliche *Fest der ungesäuerten Brote (Mazzen)*, das man zu Beginn der Gerstenernte feierte. Bis heute erinnert der Brauch, zu *Pessach* alles Gesäuerte aus dem Haus zu schaffen und eine Woche lang nur Ungesäuertes zu essen oder zu trinken, an das biblische *Mazzenfest*.

Wie schon in der Bibel ältere Traditionen aufgenommen und neu gedeutet werden, hat das Judentum die Erinnerung an die Befreiungstat Gottes zu allen Zeiten mit den jeweils eigenen Erfahrungen verknüpft. Das gebotene Erinnern (hebr.: *sachor*) ist nach jüdischem Verständnis keineswegs nur rückwärtsgewandt. Es bedeutet vielmehr, in der Gegenwart als Mensch, der um die Vergangenheit weiß, zu leben. Mit der Erinnerung an die Rettung aus Ägypten verbindet sich die Hoffnung auf die endgültige Erlösung der Welt in der messianischen Zeit. Zudem hat das Fest eine ethische Dimension, die bereits in der biblischen Überlieferung angelegt ist: Das Gebot, das Recht der Fremden, Schwachen und Armen zu schützen, wird begründet mit der Erinnerung an das Geschenk der Freiheit: »Denn du sollst daran denken, dass auch du Knecht in Ägyptenland warst und der HERR, dein Gott, dich von dort herausgeführt hat mit mächtiger Hand und ausgerecktem Arm.« (5 Mose 5,15)

Das *Pessachfest*, das acht Tage lang gefeiert wird, beginnt mit dem Vollmond des 1. Monats, am Abend des 14. *Nissan*. Alt und Jung versammeln sich zu einer besonderen Mahlzeit, die traditionell nach einer festen Ordnung verläuft und daher *Seder* genannt wird (hebr.: *seder*; dt.: Ordnung). Der *Sederabend* ist Hausgottesdienst, Festmahl und Familienfeier zugleich. Die Akzente werden unterschiedlich gesetzt, doch gibt es kaum eine jüdische Familie, die diesen Abend nicht gemeinsam

Beim Sedermahl in der Liberalen Jüdischen Gemeinde München

verbringt. Es ist eine *Mizwa*, auch Einsame und Bedürftige zum *Seder* einzuladen. Keiner soll zu *Pessach* allein bleiben.

In den Häusern und Gemeinderäumen sind die Tische festlich gedeckt. Man benutzt oft eigenes, *koscheres* Geschirr für *Pessach*. *Koscher* bedeutet in diesem Zusammenhang, dass das Geschirr nicht mit Gesäuertem in Berührung gekommen ist bzw. mit kochendem Wasser »gekaschert« wurde. Für alle Mitfeiernden stehen Weingläser auf dem Tisch, dazu ein weiteres Glas für den Propheten Elia. Unter einem Tuch liegen drei *Mazzen*, ungesäuerte flache Brote, die aus Mehl und Wasser ohne Hefe oder Sauerteig gebacken sind. In der Mitte des Tisches steht eine große Schale mit symbolischen Speisen, die im Verlauf der Feier ausführlich erläutert werden.

Mazzen:
> Das ungesäuerte flache »Brot der Armut« erinnert an die Eile des Aufbruchs aus Ägypten, als keine Zeit blieb, den Teig durchsäuern zu lassen (2 Mose 12,39). So soll man sich stets zum Aufbruch bereit halten, wenn Gott es fordert.

Bitterkräuter:
> Der Geschmack des Bitterkrauts (z.B. Meerrettich) erinnert an das bittere Leid in Ägypten.

Ein hartgekochtes Ei:
> Das Ei ist ein Symbol der Trauer über den zerstörten Tempel, aber auch der Prüfungen, durch die Israel gegangen ist.

Ein gebratener Knochen:
> Der Knochen weist auf die geschlachteten *Pessachlämmer.*

Charosset:
> Das mit Zimt gefärbte Mus aus Nüssen, Apfelmus, Datteln, Gewürzen, Rosinen und Wein erinnert an die Lehmziegel, die die Vorfahren der Israeliten in Fronarbeit formen mussten.

Grüne Kräuter:
> Die grünen Kräuter (z.B. Petersilie) symbolisieren den Frühling und die Hoffnung auf Rettung.

Eine Schale mit Salzwasser:
> Das Salzwasser, in das man mit den Kräutern oder mit dem Finger eintaucht, versinnbildlicht die in Ägypten und an anderen Orten vergossenen Tränen.

Traditionell wird während der *Sederfeier* die *Pessachhaggada* gelesen, eine Sammlung von Liedern, Erzählungen und Auslegungen, die dazu einladen, das Fest so zu feiern, als sei man *selbst* aus Ägypten befreit worden. Das jüngste Kind am Tisch stellt die Frage: *»Worin unterscheidet sich diese Nacht von allen anderen Nächten?«* Darauf beginnt der Vater (oder eine andere Person), die Geschichte vom Auszug aus Ägypten zu lesen und dabei die symbolischen Speisen auf dem Tisch zu erklären. Oft wird auch reihum aus der *Haggada* vorgelesen. Erinnerungen an andere bittere Zeiten – bis in die Gegenwart – fließen oft in die Erzählung mit ein. Man singt volkstümliche Lieder und Psalmen, kostet von den Speisen auf dem *Sederteller*, isst zusammen und trinkt nach der vorgegebenen Ordnung vier Gläser Wein. Ein fünftes Glas, das bis zum Schluss unberührt bleibt, ist für den Propheten Elia bereitgestellt, den

> *»In jeder Generation soll der Mensch sich betrachten, als sei er selber aus Ägypten gezogen.«* Haggada

man als Boten der messianischen Zeit herbeisehnt. Symbolisch wird für ihn an diesem Abend die Tür geöffnet. *Pessach* verbindet also die Erinnerung an den Auszug aus Ägypten mit dem Wahrnehmen gegenwärtiger Not und mit der Hoffnung auf die kommende Erlösung. Der *Sederabend* klingt aus mit dem Wunsch: *»Nächstes Jahr in Jerusalem!«* Dieser Ruf hat durch die Jahrhunderte die Zionssehnsucht der Juden wach gehalten.

In der Synagoge wird an *Pessach* das *Hohelied Salomos* vorgelesen. Es wird als allegorische Beschreibung der Liebe zwischen Gott und seiner Braut Israel verstanden. Außerhalb Israels gilt auch der zweite Tag von *Pessach* als voller Feiertag, während die übrigen Tage mit Ausnahme des letzten Tages Halbfeiertage sind.

Das christliche Osterfest zeigt deutliche Bezüge zum *Pessachfest*. Die Evangelien beziehen die Passion Jesu in ihrem Verlauf und ihrer Deutung immer wieder auf das *Pessachfest*. So wird das *letzte Abendmahl* Jesu als *Pessachmahl* beschrieben. Die Deuteworte über Brot und Wein ähneln der Erklärung der Speisen auf dem *Sederteller*, ohne dass sie daraus ableitbar wären. Das Verständnis Jesu als *Pessachlamm* findet sich im Johannesevangelium (vgl. Joh 1,29) und bei Paulus (1 Kor 5,7).

Noch im 2. Jahrhundert bestimmten einige östliche Kirchen den Termin des Osterfestes nach dem Zeitpunkt des jüdischen *Pessachfestes*.

WOCHENFEST – SCHAWUOT

Sieben Wochen bzw. 50 Tage nach *Pessach* wird das Wochenfest gefeiert (hebr.: *schawuot;* dt.: Wochen). In biblischer Zeit war es das zweite Wallfahrtsfest nach dem *Mazzenfest* , an dem die ersten Garben der *Gerstenernte* geschnitten und im Tempel Gott zum Dank dargebracht wurden. Vom 16. *Nissan* an zählte man 50 Tage und brachte dann an *Schawuot* die ersten Garben der *Weizenernte* zum Tempel (vgl. 3. Mose 23,15-16; 5 Mose 16,9-10). Ein weiterer Name für das Fest lautet entsprechend: *Tag der ersten Früchte* (hebr.: *Jom Ha-Bikurim*). Wie bei den anderen Pilgerfesten verblasst in nachbiblischer Zeit der ursprüngliche Charakter des Erntedankfestes gegenüber der heilsgeschichtlichen Umdeutung des Festes. Im Mittelpunkt steht jetzt die Erinnerung an die Offenbarung der *Tora* am Sinai. Man nennt das Wochenfest daher auch das *Fest der Toragabe* (hebr.: *Seman Matan Toratenu*). Ein vierter Name *Schlussfest* (hebr.: *Azeret*) weist auf die enge Beziehung zu *Pessach* hin: *Schawuot* wird als Abschluss des *Pessachfestes* verstanden, denn die von Gott an *Pessach* geschenkte Freiheit von der Knechtschaft hat ein Ziel: Die Gabe der *Tora* ist der Weg zur inneren Befreiung, die das Leben nach den Weisungen der *Tora* ermöglicht. Zu Ehren der *Tora* werden an *Schawuot* in vielen Synagogen und *Talmudschulen* die ganze Nacht hindurch Texte aus der *Tora*, den Prophetenbüchern, der *Mischna* und der *Gemara* gelernt.

> »Wir essen Milchiges an Schawuot, um die Gabe der Tora mit Demut zu feiern. Milchiges: das zeigt, dass wir uns als kleine Kinder sehen, die noch zu jung sind, um Fleisch zu essen.« Koretzer Rebbe, chassidisch

An *Schawuot* werden Synagogen und Häuser festlich mit Grün geschmückt. Traditionell gehören zu diesem Fest Milchspeisen und Honig, denn die *Tora* wird mit Milch und Honig verglichen (Hld 4,11). Im Gottesdienst werden die Erzählung vom Bundesschluss am Sinai und die 10 Gebote (2 Mose 19 u. 20) sowie das Buch Ruth gelesen. Die Moabiterin Ruth, die sich aus freiem Entschluss dem Gott Israels und seiner *Tora* unterstellt, so wie es einst Israel am Fuß des Berges Sinai tat, steht als Konvertitin in hohem Ansehen. Sie ist die Urgroßmutter König

Davids, der nach der Tradition an *Schawuot* geboren wurde und an diesem Tag starb. Die Geschichte spielt zur Zeit der Weizenernte und knüpft so auch an das alte Erntefest an.

Nach der Apostelgeschichte (Apg 2) feierten die ersten Christen in Jerusalem das Wochenfest, als Gottes Geist über sie kam. Das deutsche Wort »Pfingsten« lehnt sich an das griechische Wort für den fünfzigsten Tag nach *Pessach*/Ostern an (griech.: pentekoste).

LAUBHÜTTENFEST – SUKKOT

Das dritte biblische Pilgerfest nach *Pessach* und *Schawuot* ist das *Laubhüttenfest*, das im Herbstmonat *Tischri* (September/Oktober) zum Abschluss der Ernte gefeiert wird (vgl. 3 Mose 23,42f.). Mit dem Laubhüttenfest verbunden sind bis heute die Freude und der Dank für die Früchte des Feldes, sowie die Bitte um Regen.

Seinen Namen verdankt das Fest jedoch den Laubhütten (hebr.: *Sukkot*), die nach biblischer Weisung zur Erinnerung an die unbehauste Zeit Israels in der Wüste errichtet werden. Vor allem in Israel, wo die Temperaturen weniger herbstlich sind als in Deutschland, verbringen viele jüdische Familien einen großen Teil der Woche in selbst gezimmerten provisorischen Hütten unter freiem Himmel. Gäste sind dabei jederzeit willkommen. Jüdische Gemeinden in Deutschland errichten oft eine *Gemeinschafts-Sukka* im Hof der Synagoge, in der sich die Gemeindeglieder am Abend versammeln.

Das Dach der Laubhütte ist der Vorschrift entsprechend nur lose mit Zweigen oder Palmwedeln gedeckt, damit man die Sterne hindurchleuchten sehen kann. Gerade in der Zeit der Fülle, wenn die Ernte abgeschlossen ist und man sich in Sicherheit wiegen könnte, soll sich Israel daran erinnern, dass es auf Gottes Güte angewiesen bleibt. Die Tradition lehrt: »Du musst wissen, dass unser ganzes Leben wie diese Hütte ist: provisorisch - heute blüht es, morgen verwelkt es.«

Neben der *Sukka* ist ein wichtiges Festsymbol der *Lulaw*, ein aus vier verschiedenen Pflanzenarten gebundener Strauß, der jeden Morgen außer am *Schabbat* »geschüttelt« und in vier Himmelsrichtungen geschwenkt wird. Der *Lulaw* besteht aus den »vier Arten«: dem *Etrog* (Zitrusfrucht), einem Palm-, Myrten- und Weidenzweig. Eine populäre

Sephardische Tora-Rolle im Holzkasten

Deutung für diesen Brauch besagt, dass der *Lulaw* die Verschiedenheit der Menschen im Volk Israel symbolisiert:

Der Etrog riecht gut *und* schmeckt gut. Er steht für einen Menschen, der die *Tora* studiert *und* danach lebt. Der Palmzweig stammt von der Dattelpalme, die zwar Früchte bringt, aber geruchlos ist: Sie ist wie ein Mensch, der die *Tora* nicht studiert und doch nach ihren Geboten handelt. Der Myrtenzweig, der zwar duftet, aber keine Früchte bringt, steht für den Menschen, der zwar *Tora* studiert, aber nicht danach lebt. Und die Bachweide, die weder gut riecht noch Früchte bringt, steht für den Menschen, der weder das eine noch das andere tut. Der zusammengebundene *Lulaw* zeigt an, dass Gott alle Menschen »zusammenbindet« und das Tun des einen die Versäumnisse des anderen sühnt.

FEST DER TORAFREUDE – SIMCHAT-TORA

Der letzte Feiertag des Laubhüttenfestes steht ganz im Zeichen der Freude über das Geschenk der *Tora*. An diesem Tag wird in der Synagoge der letzte Abschnitt der fünf Bücher Mose gelesen. Es gilt als große Ehre, wenn man als *Bräutigam der Tora* zu dieser letzten Lesung aufgefordert wird. Sobald die letzten Worte verklungen sind, beginnt man, begleitet von Segenssprüchen, wieder von vorn mit dem ersten der 54 Abschnitte der *Tora*: »Im Anfang schuf Gott Himmel und Erde...« (1 Mose 1f.).

Der Abschluss des jährlichen Lesezyklus ist Anlass für ein fröhliches Fest. Sämtliche *Torarollen* werden an diesem Tag aus dem *Toraschrank* geholt. Mit den geschmückten *Torarollen* im Arm ziehen Kinder und Erwachsene wenigstens siebenmal singend und tanzend um die *Bima*. Diese Umzüge heißen *Hakafot*. In der Liturgie zu *Simchat-Tora* heißt es: »Wir jubeln, der Tora freuen wir uns, denn Kraft und Licht ist sie für uns!« Besonders in chassidischen Gemeinden wird das Fest in großer Ausgelassenheit gefeiert.

b) Der Zyklus der hohen Feiertage

DAS NEUJAHRSFEST – ROSCH HA-SCHANA

Mit dem Neujahrsfest beginnen die *Zehn Tage der Umkehr*, die hohen jüdischen Feiertage im Herbstmonat *Tischri* (Sept./Okt.). In diesen Tagen hält nach jüdischer Tradition Gott Gericht über jeden Menschen. Auf Hebräisch heißen sie die »ehrfurchtgebietenden Tage« (*Jamim noraim*). Das Gebot, in der Synagoge das Widderhorn (*Schofar*) zu blasen, unterstreicht die Be-

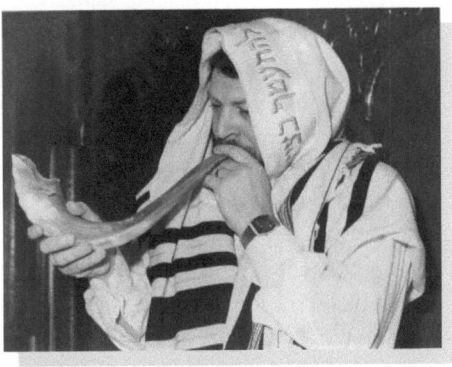

Schofarblasen an Rosch Ha-Schana

deutung des Neujahrstags als *Tag des Gerichts* (hebr.: *Jom Ha-Din*). Bereits im Vormonat *Elul* rufen morgens in aller Frühe die teils schmetternden, teils langgezogenen Töne des *Schofar* zu Selbstbesinnung und Umkehr. Vielerorts werden besondere Bußgebete (*Slichot*) gehalten, in denen man Gott um Vergebung bittet. Das Neujahrsfest wird mit großem Ernst begangen. Doch überwiegt die Freude darüber, dass Gott beim Erklingen des Widderhorns auf dem Thron des Erbarmens Platz nimmt, wie der *Midrasch* erzählt.

Die Menschen grüßen sich am Neujahrstag und an den darauffolgenden Tagen mit dem Wunsch: »Mögest du zu einem guten Jahr eingeschrieben werden (in das Buch des Lebens)!« Dahinter steht die Vorstellung, dass Gott an diesem Tag das Buch des Lebens und des Todes aufschlägt, in dem alle Taten der Menschen verzeichnet stehen. An *Rosch Ha-Schana* schreibt Gott sein Urteil. Doch er gewährt in seiner Barmherzigkeit noch zehn Tage Zeit zur Umkehr, bevor er am *Jom Kippur* sein Urteil besiegelt.

Weiß ist an den hohen Feiertagen die vorherrschende Farbe in der Synagoge. Sie ist ein Symbol für die Reinigung von allen Sünden. In den Familien begeht man das Neujahrsfest mit einer feierlichen Mahlzeit. Dazu isst man in Honig getauchte Apfelstücke, die den Wunsch nach einem »süßen« neuen Jahr zum Ausdruck bringen. Auch Granatäpfel stehen nach Möglichkeit auf dem Tisch als Symbol für Lebensfülle, Glück und Segen.

DER VERSÖHNUNGSTAG – JOM KIPPUR

Der *Jom Kippur* beschließt am 10. *Tischri* die zehn Tage der Umkehr (vgl. 3 Mose 16). Er ist das höchste jüdische Fest. Wer die Zeit der Buße genutzt hat, um sich mit seinen Feinden auszusöhnen und begangenes Unrecht wieder gutzumachen, darf erwarten, auch von den Sünden gegen Gott freigesprochen zu werden. Viele Juden fasten am *Jom Kippur*. In den Synagogen, die meist bis auf den letzten Platz besetzt sind, wird durchgehend gebetet. Dabei nimmt das gemeinsame Sündenbekenntnis vor Gott breiten Raum ein. Um die Mittagszeit liest man das Buch Jona. Es erzählt von der Stadt Ninives, die Buße tat und gerettet wurde. Viele Betende tragen wie an *Rosch Ha-Schana* weiße Kopfbedeckungen, manche auch weiße Kleider.

In biblischer Zeit war *Jom Kippur* der einzige Tag im Jahr, an dem der Hohepriester das Allerheiligste im Tempel betrat, um den Altar mit dem Blut des Sühnopfers zu besprengen (vgl. 3 Mose 16). Danach lud der Hohepriester symbolisch alle Sünden des Volkes auf einen Bock und schickte ihn als »Sündenbock« in die Wüste.

Aus der Liturgie für den *Jom Kippur* ist das *Kol Nidre* wegen seiner ergreifenden Melodie über die Grenzen des Judentums hinaus bekannt geworden. Es formuliert die Bitte um Auflösung aller Gelübde, die man sich selbst und Gott gegeben, aber nicht erfüllt hat.

Im Schlussgebet für den Versöhnungstag (*Neila*) heißt es:

»Du gabst uns, Gott, unser HERR, diesen Tag der Versöhnung, auf dass er das Ende sei und die Vergebung und die Verzeihung für alle unsere Sünden, damit wir ablassen von allem sündigen Tun und Frevel, und wiederkehren zu dir, und dein Gesetz und deinen Willen tun mit ganzem und ungeteiltem Herzen. Darum erbarme du dich unser in deiner unendlichen Barmherzigkeit, denn du willst nicht das Verder-

ben der Welt. ... Du bist ein Gott der Vergebung, gnädig und barmherzig, langmü-
tig, voller Liebe und Wahrheit, der unerschöpflich ist im Wohltun, der sein Gefal-
len hat an der Bekehrung der Sünder, und nicht will ihren Tod, wie es auch heißt
in der Schrift: ›Sage ihnen: So wahr ich lebe, spricht Gott der HERR, ich will nicht
den Tod des Sünders, sondern dass er wieder kehre von seinem Wege, und lebe!‹«
(S. 360)

»Öffne uns die Himmelspforte, bevor sie sich schließet, dieweil sich neigt der
Tag. Es neiget sich der Tag, die Sonne ist im Sinken; wir gehen in deine Tore ein,
lass uns willkommen sein. Ach Gott, vergib, verzeih, versöhne. Sei mild und barm-
herzig! Versöhn und tilge die Schuld und Sünde!« (S. 366f.)

(aus: Machsor, Festgebete der Israeliten mit deutscher Übersetzung
von S.G.Stern, Teil III, Tel Aviv, o.J.)

Unmittelbar nach *Jom Kippur* beginnt man mit dem Bau der Laubhütte.
Die hohen Feiertage sind vorüber, nun beginnt mit *Sukkot* die *Freuden-*
zeit (3 Mose 23,40ff.).

c) Tempelweihe und Losfest – Chanukka und Purim

Chanukka und *Purim* vergegenwärtigen bestimmte Ereignisse in der
Geschichte des Volkes Israel, die zu einer Grunderfahrung des jüdischen
Volkes geworden sind: *Anfeindung, Bedrohung* und *Widerstand*. Beide
Feste machen Mut, das Vertrauen auf den einen Gott zu setzen und die
eigene Identität auch in Zeiten der Anfechtung nicht preiszugeben.

Das *Chanukkafest* erinnert an den mutigen Widerstand der Makkabäer gegen die Eroberer, die versuchten, dem jüdischen Volk ihre
griechische Kultur aufzuzwingen.
Antiochus Epiphanes IV entweihte
den Jerusalemer Tempel, als er dort
Bilder des Gottes Zeus aufstellen
und für ihn Schweinefleisch opfern
ließ. Einer jüdische Widerstands-
gruppe unter Führung der Hasmonäer (Makkabäer) gelang im Jahr
164 v. Chr. die Rückeroberung Jerusalems und des Tempels. Am
25. *Kislew* (Nov./Dez.) wurde der Tempel neu geweiht. Das hebräische Wort *Chanukka* bedeutet *Einweihung* des Tempels bzw. des Al-

> *»Diese Lichter zünden wir an wegen der*
> *Wunder, Siege und allmächtigen Taten, die*
> *du für unsere Väter durch deine heiligen*
> *Priester vollbracht hast.«*
> Aus der Chanukka Liturgie

tars. Über den Freiheitskampf der Makkabäer berichten die apokryphen Makkabäerbücher (1 Makk 4,1-59; 2 Makk 10,1-8).

Der *Talmud* erzählt von einem Wunder, das sich damals zutrug: Als nach der Rückeroberung der Tempel gereinigt wurde, fand man nur

Channukka-Leuchter

einen kleinen Krug kultisch reinen Öles für die *Menora*, den siebenarmigen Leuchter. Diese Menge reichte kaum für einen Tag. Doch auf wunderbare Weise leuchtete die *Menora* acht Tage lang – bis neues Öl hergestellt war.

Trotz des erfolgreichen militärischen Widerstandes werden an *Chanukka* keine Helden gefeiert. Im Mittelpunkt steht das Wunder, das Gottes Stärke beweist, Licht in der Dunkelheit zu schaffen. Daran erinnert in jüdischen Häusern und Gottesdiensträumen der achtarmige Leuchter (*Chanukkia*). Bei Einbruch der Dunkelheit wird an jedem der acht *Chanukkatage* mit Hilfe des *Dieners* – des neunten Lichts,

das allein diesem Zweck dient – ein weiteres Licht entzündet, bis alle acht Lichter brennen. Weil es in der Geschichte um Öl geht, gibt es traditionell zu diesem Fest in Öl gebackene Speisen, z. B. Kartoffelpuffer (jiddisch: *Lattkes*) und Berliner (hebr.: *Sufkaniot*).

Das Lichterfest beginnt am Abend des 24. *Kislev* (Nov./Dez.). Es liegt also in zeitlicher Nähe zu Advent und Weihnachten, daher hat es in christlicher Umgebung manche Züge dieses Festes angenommen, z. B. Geschenke für die Kinder. Ihrem Inhalt nach haben beide Feste keine Beziehung zueinander.

Dem *Purimfest*, das am 14. Tag des Monats *Adar* (Feb./März) gefeiert wird, liegt die Geschichte, die das biblische Buch Esther erzählt, zugrunde: Am Hof des persischen Königs Ahasveros plant der Großwesir *Haman* einen Pogrom gegen Juden. Der Tag soll per Los festgelegt werden (daher: hebr.: *purim*; dt.: Lose). Ahasveros' Frau, die Jüdin Esther, erfährt von den Plänen und kann das Vorhaben abwenden.

Ihr Widersacher *Haman* ist zum Symbol der Judenfeindschaft geworden.

Esthers Mut und Tatkraft wird durch das Lesen der Estherrolle im Gottesdienst gewürdigt. Jedesmal wenn *Haman* erwähnt wird, machen die Kinder mit Rasseln viel Lärm, um seinen Namen zu übertönen.

Es ist eine *Mizwa*, an *Purim* ausgelassen zu feiern und nicht zu wenig Wein zu trinken. Traditionell gehören zu diesem Fest die »Hamantaschen«, dreieckige Kuchen, die mit Honig, Pflaumenmus oder Mohn gefüllt sind. Die Kinder kostümieren sich und führen kleine Theaterstücke auf.

d) Fastentage und Gedenktage

DER 9. AW – TISCHA-BE-AW

Über das Jahr hinweg gibt es eine Reihe von Gedenk- und Fastentagen, die an leidvolle Ereignisse in der Geschichte des jüdischen Volkes erinnern. Der wichtigste ist *Tischa-Be-Aw*, der 9. Tag im Monat *Aw* (Juli/Aug.). An diesem Tag gedenken Juden mehrerer Katastrophen, die sich jeweils am 9. *Aw* (*Tischa-Be-Aw*) zugetragen haben, vor allem der Zerstörung der Stadt Jerusalem und des Tempels im Jahr 586 v. Chr. durch die Babylonier und im Jahr 70 n. Chr. durch die Römer. Auch das Scheitern des Aufstands gegen die Römer zur Zeit Bar Kochbas, die Pogrome der Kreuzfahrerzeit und die Vertreibung der Juden aus Spanien 1492 werden an diesem Tag in Erinnerung gerufen. Im Gottesdienst liest man die Klagelieder Jeremias, und Trauerlieder aus der Zeit der mittelalterlichen Judenverfolgungen.

Für den 9. *Aw* gelten die gleichen Vorschriften wie für *Jom Kippur*. Man soll weder essen noch trinken. Als Zeichen der Trauer sitzt man auf niedrigen Hockern und zieht sich keine Lederschuhe an. Die Synagogen sind nur spärlich beleuchtet. Auf den 9. *Aw* folgt der *Schabbat des Trostes*, an dem als Prophetenlesung das Trostkapitel Jesaja 40 gelesen wird. Alles hat seine Zeit – auch der Zeit der Trauer ist eine Grenze gesetzt (Pred 3,1).

DER HOLOCAUST-GEDENKTAG – JOM HA-SCHOA

Am 27. *Nissan* (März/April) gedenken Jüdinnen und Juden in Israel und in zahlreichen Gemeinden auf der Welt der Toten des Holocaust (vgl.

S. 99ff.). Das Datum wurde in Erinnerung an den 19. April 1943 ge-
wählt, den Tag, an dem der Aufstands im Warschauer Ghetto begann.
Es fällt in die Zeit zwischen *Pessach* und *Schawuot*, die religiöse Juden als
Trauerzeit begehen.

DER UNABHÄNGIGKEITSTAG – JOM HA-AZMAUT

Am 5. *Ijar* 5708 (14. Mai 1948) ruft David Ben Gurion in Tel Aviv die
Wiedergeburt eines jüdischen Staates nach fast 2000 Jahren Exil aus.
Kurz darauf erklären sieben Nachbarstaaten Israel den Krieg. Einen Tag
vor dem israelischen Nationalfeiertag gedenkt man auf dem Herzl-Berg
in Jerusalem sowie an den Kriegsdenkmälern in ganz Israel der Gefalle-
nen der Kriege. Die Trauer um die Toten schlägt am Unabhängigkeitstag
um in Genugtuung darüber, dass sich Israel, wenngleich unter großen
Opfern, als demokratischer Staat behaupten konnte.

Obwohl *Jom Ha-Schoa* und *Jom Ha-Azmaut* staatliche Gedenktage sind,
wurden hier und dort dem Anlass gewidmete Texte in die Gebetbücher aufgenommen. Auch die Bitte um Frieden haben viele Gemeinden
ihrer Liturgie hinzugefügt.

DAS JÜDISCHE JAHR MIT DEN FESTEN UND GEDENKTAGEN:

Tischri (September/Oktober)

1.	1. Tag Rosch Ha-Schana (Neujahrstag)
2.	2. Tag Rosch Ha-Schana
10.	Jom Kippur (Versöhnungstag)
15.	1. Tag Sukkot (Laubhüttenfest)
16.	2. Tag Sukkot
22.	8. Tag Sukkot – Schemini Azeret
23.	Simchat-Tora (Torafreude)

Marcheschwan (Oktober/November)
Kislew (November/Dezember)

25.	1. Tag Chanukka

Tewet (Dezember/Januar)

3.	8. Tag Chanukka

Schwat (Januar/Februar)

Jüdische Lebenswelten

Adar (Februar/März)

14. Purim

Nissan (März/April)

15. 1. Tag Pessach
16. 2. Tag Pessach
21. 7. Tag Pessach
22. 8. Tag Pessach
27. Jom Ha-Schoa (Holocaustgedenktag)

Ijar (April/Mai)

5. Jom Ha-Azmaut (Unabhängigkeitstag)

Siwan (Mai/Juni)

6. 1. Tag Schawuot (Wochenfest)
7. 2. Tag Schawuot

Tammus (Juni/Juli)

Aw (Juli/August)

9. Tischa-Be-Aw (Gedenktag der Tempelzerstörung)

Elul (August/September)

Der jüdische Festkalender

DER SCHABBAT

Der *Schabbat* ist der festliche Höhepunkt jeder Woche. Heiligung, Ruhe und Freude charakterisieren diesen wöchentlich wiederkehrenden Feiertag. Das hebräische Wort »*schabbat*« bedeutet wörtlich »aufhören«. Ein Jude, der den *Schabbat* hält, ist eingeladen innezuhalten und auszuruhen, so wie Gott selbst am siebten Tag ausruhte, nachdem er die Welt geschaffen hatte:

>*»Gedenke des Sabbattages, dass du ihn heiligest. Sechs Tage sollst du arbeiten und alle deine Werke tun. Aber am siebenten Tage ist der Sabbat des HERRN, deines Gottes. Da sollst du keine Arbeit tun, auch nicht dein Sohn, deine Tochter, dein Knecht, deine Magd, dein Vieh, auch nicht dein Fremdling, der in deiner Stadt lebt. Denn in sechs Tagen hat der HERR Himmel und Erde gemacht und das Meer und alles, was darinnen ist, und ruhte am siebenten Tage. Darum segnete der HERR den Sabbattag und heiligte ihn.«*

> (2 Mose 20,8ff.)

Wer den *Schabbat* hält, bekennt Gott als den Schöpfer und feiert mit ihm die vollendete Schöpfung. Ruhe und Heiligkeit des *Schabbat* geben einen Vorgeschmack auf die kommende Erlösung. Sie lassen an Leib und Seele erfahren, wozu Gott zuletzt *alle* Menschen bestimmt hat. Der Philosoph Abraham Joshua Heschel schreibt:

>*»Vielleicht ist der Shabbat der Begriff, der das Judentum am deutlichsten charakterisiert. Was ist der Shabbat? Eine Erinnerung an das Königtum jedes Menschen, an die Abschaffung der Unterschiede zwischen Herren und Sklaven, zwischen Reich und Arm, zwischen Erfolgreichen und Versagern. Den Shabbat feiern heißt, die totale Unabhängigkeit von Zivilisation und Gesellschaft, von Leistung und Streben erfahren. Der Shabbat ist die Verkörperung dessen, dass alle Menschen gleich sind und dass die Gleichheit der Menschen untereinander den Adel des Menschen ausmacht. Die größte Sünde des Menschen ist zu vergessen, dass er ein Königssohn ist.«*

> (aus: A. J. Heschel: Gott sucht den Menschen. Eine Philosophie des Judentums, 2. Aufl., Neukirchen, 1989, S. 320)

»Der *Schabbat* ist das Fest der Schöpfung, aber einer Schöpfung, die um der Erlösung willen geschah.« (F. Rosenzweig: Der Mensch und sein Werk, Ges. Schriften. Der Stern der Erlösung. 4. Aufl., Den Haag 1976, S. 349) Darum gehört zum *Schabbat* die Erinnerung an die Freiheit, die Gott einst seinem Volk schenkte, und an den ewigen Bund, den er mit Israel geschlossen hat (vgl. 5 Mose 5,12-15; 2 Mose 31,13ff.). Der *Schabbat* lehrt das Recht *aller* Menschen auf Freiheit und Würde, Genuss und Freude. Gleichzeitig ruft er in Erinnerung, dass der Mensch Verantwortung für die Erde trägt und seinem Streben, in die Schöpfung einzugreifen, Grenzen gesetzt sind (vgl. z. B. 3 Mose 25: »Gesetz über das Schabbatjahr«).

Die biblischen Gebote für den Ruhetag wurden den veränderten Lebensumständen immer wieder angepasst und in konkrete Weisungen übersetzt. Einigkeit herrscht darüber, dass die Verpflichtung, Leben zu retten, alle Verbote außer Kraft setzt. In anderen Fragen variieren die Auffassungen darüber, welche Auslegung den Sinn des *Schabbatgebots* am besten zur Geltung bringt. Für religiöse Juden stellt die Einhaltung der um den *Schabbat* herum aufgestellten Regeln keine Last dar. Sie empfinden den wöchentlich wiederkehrenden Ruhetag als heilsame

> »Der *Schabbat* ist das Fest der Schöpfung, aber einer Schöpfung, die um der Erlösung willen geschah.« F. Rosenzweig

Unterbrechung in der Rastlosigkeit des Alltags: Der Körper darf sich erholen, die Seele wird weit und wendet sich anderen Dingen zu als sonst. Alles, was an die Kämpfe und Sorgen des Alltags erinnert, soll am *Schabbat* unterbleiben. In vielen religiösen Familien sind Fernseher, Computer und Telefone abgeschaltet. Man nimmt kein Geld in die Hand und beschränkt auch die Arbeit im Haushalt auf das Notwendigste. Am *Schabbat* geht man nicht auf den Friedhof, weil die Erinnerung an den Tod die *Schabbatfreude* (*Oneg Schabbat*) trüben könnte. Sogar die Trauerwoche wird für die Zeit des *Schabbat* unterbrochen. Als höchster Feiertag verdrängt *Schabbat* alle Fest- und Gedenktage mit Ausnahme des großen Versöhnungstags.

DER SCHABBATABEND

Die ganze Woche steht im Zeichen der Vorfreude auf den *Schabbat*. Am Freitagabend kleidet man sich festlich. Der Tisch ist schön gedeckt und die Mahlzeit bereitet. Bevor die Sonne untergeht, zündet die Frau im Haus die beiden *Schabbatkerzen* an und spricht darüber den Segen (die *Beracha*).

In der Synagoge versammelt sich die Gemeinde, um mit Liedern und Gebeten den *Schabbat* zu begrüßen (hebr.: *Kabbalat Schabbat*). Auf das Psalmgebet (Psalm 95-99 und Psalm 29) folgt das berühmte *Schabbatlied »Auf mein Freund«* (hebr.: *Lecha Dodi*). Es stammt von *Rabbi* Schlomo Ben Mosche Halevi Alkabez (1505 - 1587), einem berühmten *Chassid* aus Safed in Galiläa. Dort hatte sich die Tradition entwickelt, dem *Schabbat* über die Felder entgegen zu ziehen und ihn (bzw. »sie«) wie eine Königin zu empfangen. Auch in der Synagoge wendet man sich beim Lied »*Lecha Dodi*« zur Tür und verneigt sich symbolisch vor der »Königin *Schabbat*«.

»Lecha Dodi (Auszug)
Auf mein Freund, der Braut entgegen,
Königin Sabbat wollen wir empfangen!
...
Der Königin Sabbat lasst uns entgegengehen,
sie ist des Segens Spenderin,
von Anbeginn in der Vorzeit ward sie gekrönt,
des Schöpfungswerkes Abschluss,
im Plane das Erste.
...
Kehre ein in Frieden, Krone des Mannes, ja in Freude und Frohlocken,
bei des auserwählten Volkes Treuen, kehre ein Braut, kehre ein, Braut!«

(aus: Siddur Sefat Emet, S. 84.)

Es folgen Segenssprüche, das *Schma Jisrael*, das Siebengebet (die am *Schabbat* gekürzte Fassung des Achtzehnbittengebets), das Lied *Adon Olam*, Psalm 23 oder andere *Schabbatlieder*. In vielen Gemeinden wird schon in der Synagoge *Kiddusch* (Segnung von Wein und Brot) gefeiert. Dazu werden die Kinder eingeladen, nach vorne zu kommen. Sie trinken aus einem Becher einen Schluck süßen *Schabbatwein*, werden gesegnet und bekommen eine Süßigkeit. Das Gebet schließt mit dem festlichen *Kaddisch* und dem gegenseitigen Gruß *Schabbat Schalom* oder jiddisch: *Gut Schabbes*.

Nach dem Gottesdienst in der Synagoge beginnt das *Schabbatmahl*. Dazu kommt nach Möglichkeit die ganze Familie zusammen. Gäste sind willkommen, denn ihre Freude soll nicht dadurch geschmälert werden, dass sie am *Schabbatabend* allein bleiben. In vielen Familien wird die Mahlzeit mit dem *Kiddusch* (dt. wörtlich: Heiligung, Unterscheiden), Dankgebet und *Schabbatliedern* eröffnet. Die Kinder werden gesegnet und die Frau im Haus gewürdigt mit dem Loblied aus Sprüche 31,10-31: »Es sind wohl viele tüchtige Frauen, du aber übertriffst sie alle...« Nach dem Essen und den dazugehörigen Dankliedern ist Zeit für Gespräche, Spiele, zum Lesen oder zum Studieren religiöser Bücher.

Am *Schabbatmorgen* wird in der Synagoge ein Gottesdienst gefeiert, der aus drei Hauptteilen besteht: dem erweiterten Morgengebet (*Schacharit*), der Lesung des Wochenabschnitts aus der *Tora* mit der ihm zugeordneten Prophetenlesung und den *Musaf* genannten Zusatzlesungen (vgl. S. 41 ff.). Der Morgengottesdienst am *Schabbat* kann zwei oder sogar drei Stunden dauern. Nach dem Gebet ist meist Gelegenheit zur Begegnung und zur gemeinsamen Feier des *Kiddusch* in Räumen der Gemeinde.

Der dritte Gottesdienst am *Schabbat* umfasst das Nachmittagsgebet (*Mincha*), in dem noch einmal der Wochenabschnitt gelesen wird, und das Abendgebet (*Maariw*), das sich unmittelbar anschließt.

HAWDALA

Wenn am Samstagabend die ersten drei Sterne am Himmel erschei-
nen, verabschiedet man den *Schabbat* – wie man ihn empfangen hat –
mit einer kleinen liturgischen Feier, die *Hawdala* (dt. wörtlich: Unterscheidung) genannt wird. Die *Hawdala* unterscheidet zwischen Licht
und Dunkelheit, Fest und Alltag, Heiligem und Profanem. Auf dem Tisch
stehen Wein, eine besondere *Hawdalakerze*, die aus mehreren ineinan-
ander geflochtenen Kerzen besteht, und ein kleines Gefäß mit wohlriechenden Kräutern (*Besamimdose*). Man füllt einen Becher, der auf
einem Teller steht, überfließend mit Wein in der Hoffnung, dass auch
der Segen, den Gott in der kommenden Woche geben wird, reichlich
sein möge. Dann reicht man das Gefäß mit den wohlriechenden Kräutern herum, damit der »Wohlgeruch« des *Schabbat* die kommenden
Tagen begleitet. Schließlich zündet man die geflochtene *Hawdalakerze*
an: Das Licht des Feiertags soll sich auch in den Alltag »flechten« und
ihm etwas von seinem Glanz schenken. Zum Schluss singt man Lieder
von dem Propheten Elia, der die endgültige Erlösung der Welt verkünden wird. Die Kerze wird mit dem übergeflossenen Wein gelöscht, der
Wein getrunken. Man wünscht einander eine gute Woche »*Schawua
Tow*«, bis sich am nächsten *Schabbat* wieder das »Fenster zur Ewigkeit« öffnet.

FESTE IM LEBENSZYKLUS

Die wichtigsten Abschnitte des Lebensweges werden von religiösen
Feiern begleitet.

a) Beschneidungsbund (hebr.: Berit Mila)

Die Beschneidung ist für die Israeliten seit Urzeiten das Zeichen des
Bundes zwischen Gott und seinem Volk (vgl. 1 Mose 17,9-14; 3 Mose
12,3). Obwohl es hygienische Argumente für die Beschneidung der
Vorhaut gibt und sie bei mehreren vorderasiatischen Völkern und auch
im Islam praktiziert wird, ist der entscheidende Grund im Judentum das

unumkehrbare Zeichen am Körper, das jeden männlichen Nachkommen als Glied des Bundesvolkes ausweist.

Vor der Beschneidung, die am achten Tag nach der Geburt eines Jungen im Krankenhaus, in der Synagoge oder zu Hause vorgenommen werden kann, legt man das Kind auf einen besonderen Stuhl, den »Thron des Elias«. Der Pate hält das Kind, während der Beschneider ein Segenswort spricht und dann mit einem kleinen Schnitt die Eichel freilegt. Die Mutter ist bei diesem Akt nicht anwesend. Der Vater und die anderen Gäste sagen ihre Lobsprüche. Der Beschneider nennt nun den Namen des Kindes. Er erhebt einen Becher mit Wein, spricht den Segen darüber, trinkt davon und gibt auch dem Kind ein paar Tropfen Wein, bevor der Becher der Mutter gebracht wird. Es folgt ein Festmahl, bei dem die Gäste Geschenke überreichen.

Beschneidungszeremonie in der Synagoge in Darmstadt

Wird ein Mädchen geboren, so findet die Namensgebung und Segnung meist am ersten *Schabbat* nach der Geburt in der Synagoge statt.

Im Neuen Testament werden die Beschneidung Jesu und seine Darstellung im Tempel erwähnt (Lk 2,21-24). Die frühe judenchristliche Gemeinde hat an der Beschneidung festgehalten, für die Heidenchristen dagegen wird die Verpflichtung zur Beschneidung aufgehoben (vgl. Apg 15,28f.; Gal 2,3).

Fortan gilt die Taufe als Zeichen der Zugehörigkeit zum Bund Gottes in Jesus Christus.

b) Bar Mizwa- und Bat Mizwa-Feier

Die Erziehung genießt im Judentum sehr hohes Ansehen. Die *Mischna* bestimmt im Traktat *Awot*, Kapitel 5: »Mit fünf Jahren lernt der

Sohn die Bibel, mit zehn Jahren die *Mischna*, mit dreizehn alle Gebote und Pflichten.« Die Eltern tragen die Hauptverantwortung für die religiöse Erziehung der Kinder. Die Gemeinde bietet Religionsunterricht an.

Mit 13 Jahren wird ein jüdischer Junge religionsmündig. Er ist nun verpflichtet, alle Gebote der *Tora* einzuhalten. Zum Beispiel trägt er an Wochentagen beim Morgengebet die Gebetsriemen (hebr.: *Tefillin*) und zählt bei der Mindestzahl von zehn Gottesdienstbesuchern (hebr.: *Minjan*) mit. Aus diesem Anlass wird er am *Schabbat* nach seinem 13. Geburtstag zum ersten Mal im Synagogengottesdienst zur *To-*

Bar Mitzwa in der Liberalen Jüdischen
Gemeinde München

ralesung aufgerufen. Meist hält er im Anschluss daran eine Rede, in der er einen *Toraabschnitt* auslegt und seine Kenntnisse unter Beweis stellt. Familie und Freunde versammeln sich, um mit einem festlichen Mahl zu Hause oder in der Gemeinde ihren »Sohn der Pflicht« (hebr.: *Bar Mizwa*) zu feiern.

Mädchen werden schon mit zwölf Jahren religionsmündig. In liberalen und konservativen Synagogen wird entsprechend auch für Mädchen eine *Bat Mizwa*-Feier (hebr.: Tochter der Pflicht) gehalten.

Die *Bar Mizwa*-Feier ist im Mittelalter entstanden. Sie geht jedoch auf ältere Gebräuche zurück (vgl. die Erzählung vom zwölfjährigen Jesus im Tempel, Lk 2,41ff.). Sie ist vergleichbar der Konfirmation in den protestantischen Kirchen.

c) Hochzeitsfeierlichkeiten

Ein Höhepunkt im Lebenslauf ist die Eheschließung. Sie ist nicht nur für das Brautpaar ein bedeutsames Ereignis. Die ganze Gemeinde nimmt daran Anteil, denn sie sieht bei einer jüdischen Hochzeit ihre Hoffnung auf Fortbestand des Volkes Israel bekräftigt.

In früherer Zeit ging der Heirat die Verlobung voraus, während der die Braut gesetzlich schon als Ehefrau galt und Untreue streng bestraft werden konnte (vgl. Mt 1,18ff.; Lk 2,5). Heute sind Verlobung und Hochzeit in einer Zeremonie miteinander verbunden. Die Trauung findet unter einem von vier Stangen getragenen Baldachin (hebr.: *Chuppa*) statt. Er symbolisiert das Heim des Ehepaares, das sie als Heiligtum betrachten sollen. Nach dem Segensspruch über dem Wein und über dem Brautstand trinken Bräutigam und Braut aus einem Becher. Darauf wird in Gegenwart von wenigstens zwei Zeugen durch folgende Erklärung des Bräutigams die Ehe geschlossen: »Siehe, du bist mir geheiligt durch diesen Ring nach dem Gesetz Moses und Israels.« Der Bräutigam steckt seiner Braut den Ring an den Zeigefinger der rechten Hand. Dann wird der zuvor aufgesetzte und unterzeich-

Hochzeit in der Liberalen Jüdischen Gemeinde München, vor dem Zertreten des in ein Tuch gewickelten Glases

nete Ehevertrag verlesen. Er wird nach alter Tradition auf Aramäisch verfasst. Der Bräutigam verpflichtet sich darin, seine Frau zu ehren, für sie zu arbeiten, für ihren Unterhalt zu sorgen und sie mit allem zu versehen, was nötig ist. Es finden sich daneben heute auch Formen, bei denen Mann und Frau gleichlautende Verpflichtungen eingehen. Eine Predigt kann sich anschließen. Es folgen die »sieben Segenssprüche der Eheschließung«. Die Trauung endet mit dem Zerbrechen eines Glases zur Erinnerung an den zerstörten Tempel und den Glückwünschen der Anwesenden.

Eine Ehescheidung ist möglich. Dazu bedarf es einer schriftlichen Urkunde (vgl. 5 Mose 24,1-4).

d) Trauerbräuche

Die jüdische Religion ist ganz auf das Leben gerichtet. Auch die jüdischen Trauerbräuche dienen dem Ziel, sich dem Leben wieder zuzuwenden. Wer als religiöser Jude bewusst seinen Tod nahen sieht, bereitet sich auf das Sterben vor. Er bringt seine Angelegenheiten in Ordnung, betet das Sündenbekenntnis des »Großen Versöhnungstages« in der Ich-Form und segnet seine Kinder.

Die Hinterbliebenen bezeugen ihre Trauer, indem sie ein Kleidungsstück einreißen. Man spricht dazu das Wort, mit dem später die Todesnachricht weitergesagt wird: »Gepriesen sei, der richtet in Wahrheit!« sowie weitere Gebete.

Der Leichnam wird auf die Erde gebettet und ein Licht angezündet. Nach der rituellen Waschung wird der Tote in ein schlichtes, leinenes Totenhemd gekleidet. Bei allen Verrichtungen im Zusammenhang von Tod und Beerdigung helfen Mitglieder der »Heiligen Gesellschaft«, die es in vielen größeren Gemeinden gibt. Sie versehen diesen Dienst als ein hochangesehenes Ehrenamt. Die Angehörigen des Toten sind bis zur Beerdigung von allen religiösen Pflichten entbunden, um sich ganz der Trauer und der Vorbereitung auf die Beerdigung zu widmen.

Die Beerdigung darf nicht am *Schabbat* oder an jüdischen Feiertagen stattfinden. Sie soll möglichst rasch erfolgen. Eine Feuerbestattung hat das Judentum stets abgelehnt. Auf dem Friedhof wird neben feststehenden Gebeten meist eine ehrende Rede auf den Verstorbenen gehalten. Die Anwesenden werfen Erde auf den Sarg, bis dieser mit Erde bedeckt ist. Das wichtigste Gebet am Grab ist das *Kaddisch* (vgl. S. 47f.), das auch im Angesicht des Todes Gottes Namen preist. Zum Schluss bilden die Trauergäste ein Spalier, durch das hindurch die Trauernden schreiten, wenn sie vom Grab fort gehen. Dabei hören sie auf die Trostworte, die man ihnen zuruft. Das weiße Totenkleid, ein schlichter Sarg, Verzicht auf Blumenschmuck und prunkvolle Grabmäler sollen bezeugen, dass im Tod alle gleich sind.

Die siebentägige Trauerzeit beginnt, wenn die Angehörigen vom Friedhof nach Hause kommen. Nachbarn bereiten ihnen die erste Mahlzeit zu, die »Genesungsmahl« heißt. Im Trauerhaus legt die Familie die

Schuhe ab und sitzt – wie bei der Trauer um das zerstörte Heiligtum in Jerusalem – auf der Erde oder auf niedrigen Schemeln. Sieben Tage geht man nach Möglichkeit nicht zur Arbeit. Oft kommen Besucher, um mit der Familie zusammen die Trauergebete zu sprechen. Es wird aus den Büchern Hiob oder Jeremia vorgelesen. Nur der *Schabbat* unterbricht das »*Schiwasitzen*« (hebr.: *schiwa*; dt.: sieben). Am siebenten Tag wäscht man sich und zieht neue Kleider an. Nun beginnt die zweite Phase der Trauerzeit bis zum 30. Tag nach dem Todestag. Männer rasieren sich in dieser Zeit nicht und schneiden sich nicht die Haare. Im Trauerjahr betet man für die oder den Verstorbenen in jedem Gottesdienst *Kaddisch* und lässt ein Gedenklicht brennen. Notleidende zu unterstützen hat während der Trauerzeit besondere Bedeutung. Am ersten Jahrestag des Todes wird in der Regel der Grabstein gesetzt und zu jeder folgenden »Jahrzeit« des Toten erneut gedacht. Statt Blumen legt man meist kleine Steine auf das Grab. Diese Tradition ist schon sehr alt. Manche sagen, sie gehe auf die Nomaden-Zeit zurück, als man die Leichname mit Steinen vor wilden Tieren schützte.

ALLTAG

a) Lernen und Lehren

In der jüdischen Tradition gilt als hohe Anerkennung, wenn man über einen Menschen sagt: Er oder sie »kann lernen«. Schon in der Bibel wird als ein hohes Ziel benannt, sich Weisheit zu erwerben (vgl. Spr 3,13). Bis ins 19. Jahrhundert hinein versteht man im Judentum unter Lernen *Talmud Tora*, d.h. die Beschäftigung mit der schriftlichen und mündlichen Lehre in der Absicht, in allen Bereichen des Lebens den Willen Gottes zur Geltung zu bringen.

Die Erziehung der Kinder war zu jeder Zeit ein wichtiges Anliegen der jüdischen Gemeinschaft. Spätestens seit dem ersten Jahrhundert ging die Mehrzahl der jüdischen Jungen in die Schule. Nach dem *Talmud* ist jede jüdische Stadt verpflichtet, für ein Schulhaus zu sorgen, denn »auf dem Atem der Schulkinder ruht die Welt.« (*Mischna Awot* II)

Das Judentum hat das Lernen allerdings nie auf die jungen Jahre beschränkt. So schreibt Maimonides: »Wie lange muss ein Mensch lernen? Bis an den Tag seines Todes!« (Jad Chasaka, Talmud Tora 1,8) Zu jeder Synagoge gehört auch heute noch ein Lehrhaus (hebr.: *Bet Midrasch*). Dort trifft man sich während der Woche, um die *Mischna*, den *Talmud* oder den Wochenabschnitt zu lernen. Viele pflegen darüber hinaus in einer Zweiergruppe zu lernen, denn stets liegt dem Lernen im Judentum das Prinzip von Frage und Antwort zugrunde.

b) Segenssprüche

Psalm 24,1 sagt: »Die Erde ist des HERRN und was darinnen ist.« Aber in Psalm 115,16 heißt es: »Die Erde hat er den Menschenkindern gegeben.« Die Weisen erklären diesen Widerspruch so, dass der erste Satz *vor* dem Segensspruch, der zweite *danach* gilt. Nach der *Tora* ist jeder Jude verpflichtet, über jeder Speise, die er zu sich nimmt, einen Segen zu sprechen. Der Segen ent-heiligt sozusagen die Gaben Gottes, damit der Mensch sie genießen kann, denn alles, was heilig ist, gehört Gott. In einem traditionell jüdischen Haus beginnt jede Mahlzeit mit dem rituellen Händewaschen und endet mit einem Tischgebet.

Darüber hinaus kennt das Judentum für alle traurigen oder freudigen Anlässe im Leben einen Segen, z. B. über den Wohlgeruch einer Zitrone, über ein neu erworbenes Kleidungsstück, über eine gute oder schlechte Nachricht, über die Bewahrung im Straßenverkehr und den ersten Regen im Herbst, einen Regenbogen, einen Wasserfall oder den Beginn des Frühlings. Nichts, was dem Menschen begegnet, ist losgelöst vom Schöpfer des Himmels und der Erde.

c) Rein und unrein

Die Unterscheidung zwischen »rein« und »unrein« spielt in der Bibel und in der gesamten jüdischen Überlieferung eine große Rolle. Oft werden die Begriffe »rein« und »unrein« im Sinne von »sauber« und »schmutzig« missverstanden. Tatsächlich handelt es sich bei dem Begriff der »Reinheit« um ein religiöses Ideal. Vergleichbare Vorstellungen finden sich in vielen Religionen. Es hat von jüdischer Seite immer wieder Versuche gegeben, rationale Gründe für die Reinheitsgebote, z. B. für das Verbot bestimmter Speisefolgen oder Nahrungsmittel, zu finden. Die orthodoxe Auslegung besteht jedoch darauf, dass die Reinheitsgebote menschlicher Logik verschlossen und allein deshalb zu befolgen seien, weil sie Gottes Wille sind.

Das jiddische Wort »koscher« heißt übersetzt »tauglich« und bezeichnet die rituelle Reinheit einer Sache. Es bezieht sich nicht nur auf Nahrungsmittel und deren Zubereitung, sondern z. B. auch auf Textilien. In der Gegenwart spielen die Reinheitsgebote aber vor allem bei der Ernährung eine Rolle.

Zum Verzehr verboten sind für Juden nach rabbinischer Auslegung der *Tora*: Blut, Fleisch von nicht geschächteten Tieren, Schweinefleisch, Kaninchen, Hasen, Frösche, Meeresfrüchte, schuppenlose Fische, Schnecken, Insekten, Singvögel, Greifvögel, Raubtiere und Kamele. Es gilt der Grundsatz: »Was aus dem Unreinen kommt, ist unrein.« Das gilt zum Beispiel für Eier von verbotenen Vögeln oder schwarzen Kaviar, der von einem unreinen Fisch stammt.

Die *koschere* Küche achtet streng auf die Trennung von Fleisch- und Milchprodukten, welche nicht zusammen verzehrt werden sollen (vgl. 5 Mose 14,21). Auch Töpfe und Geschirr werden in Haushalten, die die jüdischen Gebote beachten, getrennt gehalten.

Auffällig ist, dass die rabbinische Tradition dem Verzehr von Fleisch generell skeptisch gegenübersteht und von daher viele Restriktionen damit verbindet. Grund dafür ist die biblische Auffassung, dass Tiere Geschöpfe Gottes sind, denen Schutz und Mitgefühl zustehen. So bezieht zum Beispiel das Gebot der Schabbatruhe auch Ochsen und Esel,

> *»Ihr sollt unterscheiden, was heilig und unheilig, was unrein und rein ist.«*
> 3 Mose 10,10

welche bei der Feldarbeit zum Einsatz kamen, mit ein. Das Schächten wird als am wenigsten schmerzhafte Methode zur Tötung eines Tieres angesehen und ist im Islam wie im Judentum verpflichtend. Mit einem extrem scharfen, makellosen Messer werden beim Schächten mit einem einzigen Schnitt dem Schlachttier Luft- und Speiseröhre durchtrennt. Nur ein dazu ausgebildeter und geprüfter Schächter darf diese

Arbeit tun. Im Judentum wird zudem verlangt, dass sich ein Schächter durch seinen Lebenswandel der besonderen Verantwortung würdig erweist.

Wer als Jude auf *koscheres* Essen Wert legt, achtet beim Einkaufen vorgefertigter Lebensmittel auf die *Kaschrutbestätigung* (von hebr.: *kascher*; dt.: rein) eines autorisierten *Rabbiners*.

Es empfiehlt sich, bei einer Einladung jüdische Gäste vorher zu fragen, was man ihnen anbieten darf.

d) Wohltätigkeit

Die *Tora* verpflichtet Juden seit biblischer Zeit, ein Zehntel ihres Nettoeinkommens den Bedürftigen zu geben. Das hebräische Wort für Wohltätigkeit (*Zedaka*) bedeutet zugleich Gerechtigkeit. Nach jüdischer Überzeugung haben die Armen ein Recht darauf, unterstützt zu werden. Sie sollen nicht nur auf ein Almosen hoffen müssen. Besonders zu den Festtagen besteht die Verpflichtung, Bedürftige zu bewirten oder ihnen Geschenke zukommen zu lassen.

Im Land Israel gelten zusätzlich besondere Gesetze wie das *Brachjahr* alle sieben Jahre und das *Jobeljahr* alle 50 Jahre (vgl. 3 Mose 25). Die Auflage, bei der Ernte stets einen Rest für die Armen übrig zu lassen (vgl. 3 Mose 19,9ff.; Rut 2), beruht auf der biblischen Einsicht, dass das Land zuletzt nicht seinen Besitzern, sondern Gott gehört. Auch wenn im modernen Staat Israel die Umsetzung der alten biblischen Gebote schwierig ist und nur in streng religiösen Kreisen praktiziert wird, gehen von der Beschäftigung mit den biblischen Geboten immer wieder wichtige Impulse für einen angemessenen Umgang mit der Schöpfung aus. Christliche Initiativen und Kirchen haben im Zusammenhang mit der Erlassjahrkampagne, die die Entschuldung der ärmsten Länder der Erde anmahnt, in den letzten Jahren die biblische Tradition des *Jobeljahrs* neu entdeckt.

Die besondere Fürsorge für die Armen, Kranken und Alten sowie das Begraben der Toten wurden in der jüdischen Gemeinschaft schon im Mittelalter auch von eigens gegründeten »Wohltätigkeitsgesellschaften« wahrgenommen. Ab dem 18. Jahrhundert gründeten Juden in vielen europäischen Städten Hospitäler, Waisen- und Armenhäuser. So entstand z. B. in Hamburg 1796 das erste jüdische Altenheim.

Unter veränderten gesellschaftlichen Voraussetzungen spielt bis in die Gegenwart die jüdische Wohltätigkeit eine große Rolle. Viele nationale und internationale Organisationen, aber auch einzelne Persönlichkeiten setzen sich für soziale und kulturelle Gemeinschaftsaufgaben ein und bewahren so auf ihre Weise das Erbe der Propheten Israels.

Teil II

Jüdische Geschichte und Gegenwart

Judentum in der Welt

GESCHICHTE DER JUDEN IM ÜBERBLICK

DIE ANFÄNGE

Quellen für die Frühgeschichte Israels sind Bibel und Archäologie. Beide müssen immer wieder zueinander in Beziehung gesetzt werden. Wo es keinen archäologischen Befund gibt, ist die Bibel manchmal jedoch einzige Quelle. Die Geschichtsschreibung der Bibel folgt allerdings nicht den Kriterien moderner Geschichtswissenschaft. Gerade die Anfänge des Volkes Israel und seine Staatwerdung werden mit großem zeitlichen Abstand aufgeschrieben und nicht selten idealisiert. Dies bedeutet nicht, dass die Überlieferungen der Bibel »falsch« sind, wie es manchmal in den heutigen Medien behauptet wird. Das Interesse der biblischen Autoren besteht jedoch in erster Linie darin, Geschichte aus ihren Erfahrungen mit Gott heraus zu deuten. Eine detailgetreue Wiedergabe der historischen Ereignisse ist für die Autoren dagegen zweitrangig.

Dem biblischen Zeugnis zufolge leben die Vorfahren Abrahams in der Bronzezeit (ca. 3100–1600 v. Chr.) als Nomaden in Mesopotamien, dem heutigen Irak. Abraham zieht mit seinem Stamm nach Kanaan, doch ohne sich dort fest niederzulassen. Der Küstenstreifen am Mittelmeer wird damals von Ägypten kontrolliert, im Landesinneren leben verschiedene andere Völker.

> »Und der Herr sprach zu Abram: Geh aus deinem Vaterland.«   1 Mose 12,1

Die Ereignisse, die sich in den biblischen Erzählungen vom Aufenthalt in Ägypten, vom Auszug und von den Geschehnissen am Sinai widerspiegeln, fallen ebenfalls in die letzten Jahrhunderte dieses Zeitraums.

Erst gegen Ende der Jüngeren Bronzezeit (ca. 1600–1200 v. Chr.) lassen sich nomadische Stämme, zu denen auch die israelitischen gehören, im Bergland von Palästina nieder. Die Bibel erzählt, dass die so genannten »Richter« (seit ca. 1200 v. Chr.) die ersten gewesen seien, die zwischen dem losen Stämmeverband der Israeliten zeitweise einen politischen Zusammenhalt zustande bringen. Einen noch festeren Zusammenschluss bringt das Königtum Sauls.

STAATENBILDUNG UND BABYLONISCHES EXIL

Um das Jahr 1000 v. Chr. gelingt es den Israeliten unter der Führung ihres Königs David, im syrisch-palästinischen Raum einen Staat zu errichten, der die im Norden und Süden des Landes lebenden Stämme in sich vereinigt, mit Jerusalem als Hauptstadt. Diese staatliche Einheit kann sein Sohn, König Salomo (ca. 965 – 926 v. Chr.), noch erhalten. Nach seinem Tode aber fällt das Reich schnell in das Nordreich »Israel« und das Südreich »Juda« auseinander. Zwischen ihnen kommt es bis zur Eroberung des Nordreiches »Israel« durch Assyrien (721 v. Chr.) immer wieder zu kriegerischen Auseinandersetzungen.

Eine hervorgehobene Rolle nimmt in der biblischen Überlieferung das Königtum Josias (639 – 609 v. Chr.) ein. Den Texten zufolge erlebt Juda in diesen Jahren noch einmal eine politische, soziale und religiöse Blütezeit. Ein jähes Ende findet diese Phase im Jahre 587 v. Chr. durch die Eroberung Jerusalems und die Zerstörung des Tempels durch die Babylonier. Aus Juda wird die wirtschaftlich und religiös einflussreiche Bevölkerungsschicht nach Babylon verschleppt. In gesonderten Ansiedlungen leben die Juden hier fortan als Minderheit inmitten einer andersgläubigen Bevölkerung. Diese veränderte Situation führt zu wichtigen Neuentwicklungen im religiösen Brauchtum. Beschneidung, Schabbatruhe und Speisevorschriften werden zu zentralen Merkmalen jüdischer Identität und dementsprechend konsequent befolgt. Sie dienen der religiösen Orientierung, ähnlich wie zuvor der Tempel in Jerusalem. Eine neue Form gemeinsamen Gottesdienstes entwickelt sich, der unabhängig von bestimmten heiligen Orten überall abgehalten werden kann. Auch viele biblische Schriften selbst entstehen in dieser Zeit.

UNTER PERSISCHEM UND HELLENISTISCHEM EINFLUSS

Nach dem Untergang des Babylonischen Großreiches ermöglicht der neue persische Herrscher Kyros mit seiner offenen Haltung gegenüber den Völkern in seinem Herrschaftsbereich auch die Rückkehr von Juden nach Jerusalem (538 – 530 v. Chr.). Sie machen sich unter großen Mühen an den Wiederaufbau der Stadtmauern und des Tempels, der 515 v. Chr. geweiht werden kann. In diese Zeit fällt auch die Trennung von den Samaritanern im Gebiet des früheren Nordreiches. Eine große

Zahl von Juden bleibt jedoch in Babylonien, wo sich die Gemeinden und Lehrhäuser entwickeln, in denen zu späterer Zeit der Babylonische *Talmud* (vgl. S. 16ff.) entstehen wird.

Der Sieg Alexanders des Großen (333 v. Chr.) setzt den gesamten Vorderen Orient einem sich unaufhaltsam ausbreitenden hellenistischen Einfluss aus, der auch nach Zerfall des Großreiches in Teilreiche nicht

an Kraft verliert. Vor allem die Juden in der Diaspora können sich ihm nicht entziehen: Sie nehmen die allgemein gebräuchliche griechische Umgangssprache an und übersetzen ihre hebräischen Schriften in diese. Die Juden in Juda können zunächst ihre religiösen Angelegenheiten und Lebensgewohnhei-

Modell des Zweiten Tempels im Jerusalemer Holyland Hotel

ten unter Leitung ihres Hohepriesters weiterhin selbst regeln. Als später jedoch die völlige Hellenisierung durch die hellenistischen Herrscher von Syrien-Palästina durchgesetzt wird, kommt es nach der gewaltsamen Absetzung eines Hohepriesters zur Plünderung der Tempelschätze, zur zwangsweisen Einführung des hellenistischen Staatskultes und zum Verbot alter jüdischer Traditionen. Dagegen erhebt sich teilweise heftiger Widerstand.

In den Jahren 166–160 v. Chr. führt Judas Makkabäus den jüdischen Kampf gegen die hellenistischen Syrer an. 164 v. Chr. gelingt seinen Kämpfern die Einnahme Jerusalems. Ihr erstes Werk ist die Wiederweihe des Tempels (vgl. S. 65ff.). Nach dem Tod des Judas führen seine Brüder den jüdischen Widerstand an. Unter dem Hohepriester Simon erlangt Juda für kurze Zeit seine Unabhängigkeit wieder. Er begründet die Dynastie der Makkabäer bzw. Hasmonäer. Ihnen gelingt es in der Folgezeit sogar, ihr Staatsgebiet auszudehnen – u.a. auf Samaria und Idumäa, also die im Norden und Süden an Juda angrenzenden Gebiete.

UNTER RÖMISCHER HERRSCHAFT

In den politischen Auseinandersetzungen der hellenistischen Zeit entwickeln sich allmählich drei Hauptströmungen, die das religiöse Leben des jüdischen Volkes im Lande prägen. Die *Essener* sind stark von apokalyptischen und messianischen Erwartungen geprägt. Ihre Verbindung mit der Gemeinschaftssiedlung in Qumran am Toten Meer sowie den in dieser Gegend gemachten Schriftfunden wird bis heute immer wieder neu diskutiert. Die *Sadduzäer*, zu deren Partei die Priester und manche der wohlhabenden Familien Jerusalems gehören, versuchen, den Tempel immer mehr zum Lebensmittelpunkt des jüdischen Volkes zu entwickeln. Die *Pharisäer* schließlich stellen die *Tora* in das Zentrum der jüdischen Existenz (vgl. S. 14f.). Ihr Einfluss wird für die folgenden Jahrhunderte ausschlaggebend sein: Indem sie dazu aufrufen, das ganze Leben an der *Tora* zu orientieren und die Regeln der *Tora* immer wieder neu auf die jeweils konkrete Lebenssituation anzuwenden, setzen sie einen Rahmen, der für das *ganze* Volk Israel von Bedeutung ist. Sie erzielen damit eine Art »Demokratisierung« des jüdischen Glaubens.

Die Eroberung Jerusalems 63 v. Chr. durch Pompeius bedeutet eine wachsende Abhängigkeit aller jüdischen Herrscher von Rom. Besonders Herodes der Große, 40 v. Chr. von Rom aus zum König über Juda ernannt, vergewissert sich der Gunst Roms. Ursprünglich stammt er aus Idumäa, also dem nichtjüdischen Bereich südlich von Juda. Deswegen und wegen seiner grausamen Herrschaft hat er kaum Rückhalt im jüdischen Volk. Die eigentlichen Machthaber im Land sind die römischen Statthalter, die mit der Verwaltung der Provinzen beauftragt sind. Zur Amtszeit des Pontius Pilatus (26–36 n. Chr.) wirkt Jesus von Nazareth. Im Jahre 66 n. Chr. kommt es zum Aufstand der Juden gegen die Römer. Nach langwieriger Belagerung erobern die Truppen unter dem römischen Feldherr Titus 70 n. Chr. Jerusalem. Titus lässt die Stadt und den Tempel zerstören und nimmt den Juden damit die bis dahin gültige geographische und religiöse Mitte. Weitere Aufstände gegen die Römer in der Diaspora und unter dem Anführer Bar Kochba auch wieder im Lande selbst ändern die politische Machtverteilung nicht. Vielmehr wird Jerusalem römische Kolonie, und Juden wird es verboten, die Stadt

zu betreten. Zwischen 132–135 n. Chr. existiert zum letzten Mal ein
jüdischer Staat in der Antike.

LEBEN IN DER DIASPORA - EINIGE BEISPIELE

Im 2. und 3. Jahrhundert leben Juden verstreut über das gesamte Römische Reich. Der seit dem 4. Jahrhundert immer stärker werdende
christliche Einfluss auf das Römische Reich führt sie in eine bedrücken-
de Lage. Antijüdische Gesetze häufen sich, und es kommt zu immer
stärkerer Konfrontation zwischen Christentum und Judentum. In den
folgenden Jahrhunderten unterscheidet sich die Situation der Juden in
den verschiedenen Teilen der Welt oftmals erheblich. Dazu nur einige
Beispiele:

– *Unter dem Islam*, der sich seit dem 7. Jahrhundert von der Arabischen
  Halbinsel her immer weiter ausdehnt, werden Juden als Minderheit
  geduldet. Als »Volk des Buches« genießen sie ebenso wie die Christen den Schutz der muslimischen Herrscher. Ihr Status ist der einer
  »Dhimmi«-Gemeinschaft (= Gemeinschaft von Schutzbefohlenen),
  umgeben vom »Haus des Islam«. So können sich beispielsweise das
  babylonische und nordafrikanische Judentum behaupten, während das
  Judentum in Spanien unter islamischer Herrschaft von 900–1140 sogar
  eine Blütezeit erlebt. Bis in das 20. Jahrhundert hinein bestehen in fast
  allen arabischen Ländern jüdische Gemeinden: mal toleriert, mal bedrückenden Gesetzen und Schikanen ausgeliefert. Nach 1948 wan-
  dert der größte Teil dieser Jüdinnen und Juden nach Israel ein.
– *In Frankreich* leben Juden lange Zeit nahezu ungehindert bis zur Zeit
  der Kreuzzüge, als sie im gesamten westlichen Europa verfolgt und
  vertrieben werden. Das Schicksal der Juden bleibt immer von der
  Gnade oder Ungnade der Herrscher abhängig, in deren Land sie
  leben. Erst im 19. Jahrhundert bringen die Auswirkungen der Französischen Revolution (1789) eine allmähliche Verbesserung ihrer
  rechtlichen und sozialen Lage, jedenfalls in Westeuropa.
– *In Osteuropa* dagegen erhalten Jüdinnen und Juden keine Gleichberechtigung, sondern sind immer wieder grausamen Verfolgungen und
  Pogromen ausgesetzt. Unter diesen bedrückenden Verhältnissen

Jüdische Geschichte und Gegenwart

entwickeln sich im 19. Jahrhundert erste Ideen zu einer modernen jüdischen Nationalbewegung. Seit 1882 kommt es in mehreren Einwanderungswellen zur Ansiedlung von Juden aus dem zaristischen Russland im Lande Israel. Unter dem Druck des modernen Antisemitismus gewinnt der Gedanke des Zionismus auch in Westeuropa an Bedeutung.

- *Jüdisches Leben in den USA:* Im 20. Jahrhundert verlagert sich der Schwerpunkt jüdischen Lebens von Europa nach Israel und in die USA. Heute leben ca. 5,5 Millionen Juden in den USA. New York ist mit ca. 1,7 Millionen Juden die Stadt mit der größten jüdischen Bevölkerung. Ihr folgt Los Angeles mit ca. 500.000. Charakteristisch für die Situation des Judentums in den USA ist die religiöse Vielfalt. Alle religiösen Strömungen sind hier vorhanden: das reformierte Judentum, die konservative Be-

> *»Das amerikanische Judentum in der Gegenwart bietet eine beispiellose Auswahl an religiösen Optionen ...«*
> Jack Wertheimer, Historiker

wegung, der Rekonstruktionismus (welcher besonders die verbindende Bedeutung der jüdischen Zivilisation betont) und zahlreiche orthodoxe Bewegungen von neo-orthodox bis hin zu ultra-orthodox. Die Mehrheit der Bevölkerung (mehr als 80 %) gehört dem nicht-orthodoxen Spektrum an. Dem konservativen Judentum rechnen sich knapp 40 % zu, dem reformierten Judentum ca. 35 %, der Orthodoxie – in all ihren Schattierungen – ca. 12 %. Die religiösen Strömungen haben je ihre eigenen Ausbildungsstätten: so z. B. das Jewish Theological Seminary (konservativ), das Hebrew Union College (reform), die Yeshive University (modern-orthodox) sowie ihre Gemeinde- und Rabbinerorganisationen. Im Hinblick auf soziale Fragen kooperieren die Strömungen miteinander. Daneben gibt es eine große Vielfalt jüdischer Organisationen und Vereine.
- Die genannten jüngsten Entwicklungen stehen immer auch in der Konsequenz der tiefen Zäsur, die das Judentum in der Mitte Europas im 20. Jahrhundert erfahren musste: Nach dem Erstarken des Nationalsozialismus in den 30er-Jahren und der immer brutaleren Umsetzung des nationalsozialistischen Rassenwahns durch weite Teile der deutschen Gesellschaft setzt eine Fluchtbewegung der Ju-

den aus dem Machtbereich Deutschlands in alle Welt ein. Etwa 6 Millionen Juden in Europa, die sich der Schreckensherrschaft nicht entziehen können, werden bis 1945 umgebracht. Erst mit der Proklamierung des unabhängigen Staates Israel im Jahre 1948 wird ein Neuanfang in der Geschichte der Juden gesetzt. Die Geschichte der Juden in Deutschland wird in den folgenden Kapiteln ausführlicher dargestellt.

GESCHICHTE DER JUDEN IN DEUTSCHLAND BIS 1933

Gesellschaften haben die Tendenz, diejenigen auszugrenzen, die – in welcher Form auch immer – »anders« sind. Das zeigte sich in Deutschland deutlich auch am Verhalten gegenüber Juden. Sie waren zwar am gleichen Ort geboren und aufgewachsen – behielten aber ihre eigene Religion, eigene Traditionen, eigene Sitten. Deshalb betrachtete man sie oft als Fremde. Vielfach wurden sie zum Sündenbock gemacht, nur weil sie anders waren. Die Bevölkerungsmehrheit erwartete von den Juden, dass sie sich anpassten und ihre eigenen Traditionen ablegten. Diese Reaktionen gegenüber Juden zeigt sich in unterschiedlicher Stärke über viele Jahrhunderte hinweg. Der Überblick soll Schlaglichter aus der Geschichte der Juden in Deutschland vorstellen. (Bis zum Ende des Dreißigjährigen Krieges bezieht sich der Begriff Deutschland auf die Grenzen des Heiligen Römischen Reiches Deutscher Nation, danach auf die Grenzen des 1870 gegründeten Deutschen Reiches.)

ERSTE NIEDERLASSUNGEN UND AUSGRENZUNGEN 300 – 1350
Die ersten Juden kommen zur Zeit des Römischen Reiches in die Städte am Rhein nach Köln (321 n. Chr.) und Trier. Als das Christentum Staatsreligion wird, kommt es zu Einschränkungen der bürgerlichen Rechte der Juden (Codex Theodosianus [438]). Sie dürfen keine Ämter oder Posten im Militär übernehmen und keine christlichen Sklaven erwerben. Doch das Judentum wird als Religion anerkannt (religio licita). Im 10./11. Jahrhundert wandern jüdische Kaufmannsfamilien aus Italien und Südfrankreich in die rheinischen Städte und gründen hier erste

Gemeinden. Zur selben Zeit – um 950 – lassen sich Juden aus Prag kommend in Magdeburg und Merseburg nieder.

Die mittelalterliche Gesellschaft ist eine Stände- und Privilegiengesellschaft. Der Herrscher verleiht an Gruppen oder Individuen Rechte, die deren ökonomischen und sozialen Status bestimmen. Auch die Juden erhalten als Gruppe im 9. Jahrhundert durch Kaiser Ludwig den Frommen Privilegien. Im christlichen Kulturkreis sind Juden als einzige nichtchristliche Religion geduldet.

Nach dem Zusammenbruch der jüdischen Lehrhäuser in Babylonien verlagern sich die spirituellen Zentren des *Talmudstudiums* nach Europa. In Worms und Mainz, später auch Speyer und Regensburg, entstehen geistige Zentren. Der Mainzer Gelehrte Gershom Ben Juda (960 – 1028) erarbeitet neue Verordnungen u.a. für Familienangelegenheiten wie Hochzeit und Scheidung. Salomo Ben Isaak (Raschi; 1040 – 1105) schreibt einen *Talmudkommentar*. Das »Buch der Frommen« des Jehuda ha Chassid (1150 – 1207) verbreitet jüdische Mystik und Poesie.

Um die Jahrtausendwende haben viele jüdische Gemeinden eine stattliche Größe, die ersten Synagogen werden gebaut in Köln: 1012/1040, Trier: 1066, Speyer: 1090. Um die Synagoge bildet sich vielfach das Judenquartier, die Judengasse. Vor dem 13. Jahrhundert gibt es keine Vorschrift, die die Juden in Deutschland zur Bildung von Quartieren zwingt. Kultische Vorschriften (*Schabbatgebot*), aber auch das Sicherheitsbedürfnis lassen Juden zusammen wohnen. Schutzmauern werden zeitweise errichtet. Das jüdische Viertel wird zu einem normalen städtischen Quartier neben anderen, das jedoch nicht ausschließlich nur von Juden bewohnt wird.

Die Privilegien der Karolingerzeit ermöglichen den Juden den Aufstieg als bedeutende Kaufleute. Ihre Beziehungen zum Orient bilden die tragende Säule des Osteuropa- und Orienthandels, der im 10. Jahrhundert von Mainz ausgeht.

In den neuen Städten arbeiten Juden zunächst auch als Handwerker, als Müller, Schneider, Bäcker, Schuhmacher und Metzger. Die Herausbildung der Zünfte als christliche Innungen beschränkt aber jüdische Handwerker weitgehend auf jüdische Kundschaft.

Mit der »Kreuzzugsidee« erfasst eine apokalyptische Frömmigkeit breite Schichten der christlichen Bevölkerung. Hierzu gehört die Einteilung der Welt in Gläubige und Ungläubige und eine Unterwerfung aller Ungläubigen. Diese Weltsicht führt 1096 zu den ersten Pogromen gegen Juden in Deutschland. Die Kreuzfahrer initiieren vielerorts Überfälle. Es gibt Zwangstaufen, Verfolgungen, Plünderungen und Mord. Die losziehenden Ritter sehen es als ihre »Pflicht« an, zuerst das eigene Land von den Nichtgläubigen zu »befreien«. Viele bedrohte Juden ziehen den Freitod der Zwangstaufe vor. Vereinzelt versuchen Bischöfe vergeblich, Juden unter militärischen Schutz auf ihren Burgen zu stellen. Auch wenn städtische Unterschichten und die Landbevölkerung bei den Pogromen aktiv mitwirken, so sind die Exzesse primär Werk der Kreuzfahrerhorden. Sie sind vorüber, als diese weiterziehen. In der Folgezeit bemühen sich die Juden, ihre Gemeinden und Synagogen wieder aufzubauen.

Paar mit gelben Ringen, der seit dem Laterankonzil von 1215 für Juden vorgesehenen Kennzeichnungspflicht

Kleidervorschriften fordern seit dem 13. Jahrhundert die äußerlich sichtbare Unterscheidung von Juden und Nichtjuden. Ortsabhängig entstehen ausgrenzende Sonderbestimmungen für die jüdische Bevölkerung. Diese Sonderregelungen sind in Gesetzessammlungen wie dem Sachsenspiegel oder Schwabenspiegel zusammengefasst.

Die Ablehnung durch die christliche Bevölkerung wächst. Gerüchte verstärken dies, so z.B. das Gerücht, jüdische Gemeinden würden christliche Kinder töten, um ihr Blut in das *Passabrot* zu mischen – die sog. Ritualmordlegende. Dem wird zwar ausdrücklich 1247 von Papst Innozenz VI widersprochen, aber die Beschuldigungen verstummen nicht. Als die Pest ab 1348 in Deutschland wütet, beschuldigt man die Juden, sie hätten die Brunnen vergiftet. Pogrome, die bis dahin die erschreckende Ausnahme waren, wiederholen sich vom Ende des 13. Jahrhunderts an nun häufiger und erfassen weite Regionen. In vielen Städten gibt es so für Jahrhunderte keine jüdischen Gemeinden mehr. Die Verfolgung und Vertreibung vieler Juden führt zu einer Flucht gen Osten, besonders hin zum heutigen Gebiet Polens. Dort entstehen viele jüdische Siedlungen. Wegen ihrer Herkunft verstehen sich die dort lebenden Juden als »Aschkenasim« (dt.: Deutsche). Ihre Sprache ist das Jiddische.

DIE LANGE KRISE 1350–1760

Bürgerrechte und -pflichten von Juden werden nun zunehmend eingeschränkt. Christliche Konkurrenz ist bemüht, jüdische Händler aus dem für den Mittelstand wichtigen Kreditgeschäft herauszudrängen, das nun auch für christliche Händler möglich ist und nicht mehr als verpönt gilt. Erlasse, die von einer Rückzahlung der Zinsschulden an Juden befreit (1390), führen zu einer Verarmung und schließlich Abwanderung vieler Juden. Fest umrissene Judenviertel werden angeordnet. Pole-

Plünderung der Frankfurter Judengasse 1614

mische Predigten, insbesondere von den Bettelorden, führen zu immer neuen Diskriminierungen der Juden. Die religiöse Unruhe dieser Zeit, in der Menschen unversehens zu Ketzern und Hexen gestempelt werden, prägt auch die Legendenbildung um Juden und deren angebliche Gräueltaten.

Es finden zwar öffentliche Religionsgespräche statt, jedoch nicht als gegenseitiger Austausch, sondern mit der Absicht, die Überlegenheit des Christentums zu zeigen. Im 16. Jahrhundert beteiligt sich der Jurist Johannes Reuchlin und veröffentlicht den »Augenspiegel«, in dem er Juden als »concives« (Mitbürger) bezeichnet. Sein Buch wird aber in den herrschenden Universitäten verurteilt. Erasmus von Rotterdam unterstellt den Juden, mitschuldig am Bauernaufstand zu sein, und warnt davor, Juden in die Kirche aufzunehmen. Durch die Reformation wird die Lage der Juden nicht besser. Zwar verwirft Martin Luther zunächst eine gewaltsame Bekehrung der Juden und mahnt an, dass Jesus selbst auch ein Jude gewesen sei. Als aber die Juden weiterhin Jesus von Nazareth nicht als den Christus (Messias) anerkennen, äußert sich Luther später in maßloser Schärfe gegen Juden. Auch das Papsttum der Gegenreformation unterstützt Vertreibungen von Juden und setzt vor allem auf eine Judenbekehrung.

Durch die Fürsprache des Juden Josel von Rosheim wird 1544 erreicht, dass der Kaiser oberster Herr und Richter der Juden wird und »kein Jude und keine Jüdin, welchen Standes sie auch seien, in Zukunft gefangen genommen, gepeinigt, gemartert, ihrer Habe beraubt oder getötet werden dürfe, es sei denn, dass glaubwürdige Zeugen dieses Vergehen bewiesen und begründeten«. Die Vertreibung der Juden aus fast allen Städten macht um 1600 Prag zum neuen jüdischen Zentrum im Reich. Im Dreißigjährigen Krieg verarmen jüdische Gemeinden durch die hohen Abgaben, die die Söldnerführer von den Juden erpressen, während einer kleinen Gruppe jüdischer Kaufleute der ökonomische Aufstieg gelingt und sich so die soziale Differenzierung unter den Juden fortsetzt. Nach dem Krieg beziehen verschiedene Fürsten für die wirtschaftliche Reorganisation gezielt Juden ein, andererseits sorgen die Kirchen an vielen Orten dafür, dass Juden, wenn sie sich schon nicht taufen ließen, in ihrer Kultur und Ausübung ihrer Religion eingeschränkt werden.

> ... dass »kein Jude und keine Jüdin, welchen Standes sie auch seien, in Zukunft gefangen genommen, gepeinigt, gemartert, ihrer Habe beraubt oder getötet werden dürfe ...«
> Anordnung von 1544

Im Mittelalter verarmt eine große Zahl von Juden. Gegen Ende des 18. Jahrhunderts zählt die Hälfte aller Juden in Deutschland hierzu. Die jüdische Armenfürsorge der einzelnen Gemeinden versorgt sie in ihren Garküchen und Schlafstätten wenigstens für eine Nacht oder über den *Schabbat*. Da die jüdischen Gemeinden das damals übliche Schutzgeld oder obligatorische Geleitgeld in Städten für sie nicht zahlen können, werden viele der verarmten Juden ausgewiesen. Wenn auch die starken Feindseligkeiten aufhören, so bleibt doch eine ablehnende Stimmung. Die Juden gelten aufgrund ihrer Traditionen als Außenseiter, Gewalttätigkeiten gegen einen Juden treffen aber unter der Bevölkerung nicht auf Zustimmung.

AUFKLÄRUNG UND ERSTE FOLGEN 1760–1806

Die Aufklärung bringt eine Wende: Freiheit und Menschenwürde, so heißt es nun, sollen für jeden gelten. Man ruft zur Toleranz auch gegenüber Juden auf, fordert ihre soziale Eingliederung und Zugang zur allgemeinen Bildung. Auch in der Literatur kommen Juden nicht mehr nur als Zerrbild der Gesellschaft vor, sondern als moralische Menschen. Eine Zulassung von Juden zu landwirtschaftlichen und handwerklichen Berufen wird gefordert. Das jüdische Vereinswesen wächst stark an. Jüdischer Glaube und deutsche Kultur werden von einigen als miteinander vereinbar dargestellt. Moses Mendelssohn spielt dabei eine zentrale Rolle. Dafür übersetzt er die fünf Bücher Mose ins Deutsche und veröffentlicht sie mit dem hebräischen Original und Kommentaren. Die Mehrheit der preußischen Juden spricht Jiddisch, schreibt in hebräischen Buchstaben und beherrscht kaum das Deutsche. Mendelssohn wirbt für eine Öffnung. Er ist überzeugt, dass der Zugang zu Sprache und Kultur die jüdische Identität nicht gefährdet. Die jüdische Religion stellt er als »Vernunftreligion« dar, die mit den Wahrheiten der modernen Philosophie nicht im Widerspruch steht. Lessing macht Mendelssohns Anliegen berühmt durch sein Werk »Nathan der Weise«.

Jüdische Reformschulen entstehen, in denen neben Hebräisch auch Deutsch, Französisch und Religionslehre unterrichtet werden. Ein Zeichen dieser neuen Öffnung werden die literarischen Salons Berlins. Die Häuser jüdischer Gelehrter und Industrieller werden zu Zentren kulturellen Lebens und zu Treffpunkten für jüdische und christliche Intellektuelle. Auch in diesen Kreisen bleibt die Taufe jedoch die Voraussetzung für die vollständige Integration in die Gesellschaft.

LANGER WEG ZUR RECHTLICHEN GLEICHSTELLUNG 1806–1933

Unter dem Einfluss der Aufklärung und der Französischen Revolution wird die Veränderung der rechtlichen Stellung der Juden angestrebt. Die

Forderung nach Gleichstellung der Juden (»Emanzipation«) ist Bestandteil der bürgerlichen Forderung nach Gleichheit aller vor dem Gesetz. Es geht um die Auflösung der Ständegesellschaft. Die Verfassung in Preußen erklärt unter König Friedrich-Wilhelm III. 1812 in Artikel 12 »den Genuss der bürgerlichen und staatsbürgerlichen Rechte, unabhängig von dem religiösen Bekenntnis«. Das gilt auch für Juden. Sie erhalten zudem das Recht, sich überall niederzulassen. Der Zugang zu Staatsämtern bleibt Juden aber weiterhin verwehrt. Die jüdischen Gemeinden reagieren auf ihre »Verbürgerlichung« u.a. mit Forderungen nach inneren Reformen. Mit dem Wiener Kongress 1814/15 wird die Gleichberechtigung wieder rückgängig gemacht. Aber das Streben danach geht weiter. Eine Auswanderungswelle deutscher Juden nach Amerika beginnt. Durch Pogrome in Osteuropa kommen auch viele jüdische Flüchtlinge nach Deutschland. Schließlich hebt die Reichsverfassung 1871 alle Einschränkungen auf, sodass Juden im ganzen Reichsgebiet auch öffentliche Ämter bekleiden können. Die in der Verfassung festgelegte Gleichberechtigung kann aber die unterschwellige Ablehnung und die nicht selten offene Ablehnung nicht überwinden.

Die Romantik formt die Idee eines Nationalstaates und definiert den Gedanken, wer zu diesem Nationalstaat gehört und wer nicht. Diese Idee schafft einerseits Raum für eine neue Identitätszugehörigkeit, liefert aber andererseits auch Argumente zur Ausgrenzung derer, die eben nicht als zugehörig angesehen werden.

Im Ersten Weltkrieg rufen jüdische Vereinigungen auf, sich als Freiwillige zu melden. Ca. 100.000 Juden kämpfen im Ersten Weltkrieg auf deutscher Seite. Nach dem Ersten Weltkrieg sind Juden an der Entstehung der Weimarer Republik und deren Verfassung beteiligt und erhoffen sich davon volle bürgerliche und soziale Gleichberechtigung. Die Revolution von 1918 bringt zwar in der Staatsstruktur einen großen Wandel, in der Mentalität der deutschen Bevölkerung leben aber alte Einstellungen fort. Die Misserfolge im Ersten Weltkrieg, schließlich die Niederlage und die Revolution geben alten antisemitischen Erklärungs-

»Alle noch bestehenden, aus der Verschiedenheit des religiösen Bekenntnisses hergeleiteten Beschränkungen der bürgerlichen und staatsbürgerlichen Rechte werden hierdurch aufgehoben.«
Verfassung des Norddeutschen Bundes von 1869

mustern neuen Auftrieb. Die Wirtschaftskrisen verstärken antisemitische Reaktionen. Dabei werden häufig religiöse Motive vorgeschoben, um ökonomische zu verdecken. An Universitäten kursieren Parolen und Schriften zur »Judenfrage« und machen Antisemitismus auch in akademischen Kreisen salonfähig. Als Ideal wird nicht die demokratische, sondern die völkische Gesellschaft propagiert. Dafür werden gesellschaftliche Gegensätze verdeckt und bestimmte gesellschaftliche Gruppen wie die Juden zu Außenseitern und Feinden des Volkes stilisiert.

Unvorstellbare Ausmaße nehmen die antisemitischen Verfolgungen in den Jahren 1933-1945 unter Herrschaft der Nationalsozialisten an. Adolf Hitler und die NSDAP propagieren eine Rassenideologie, bei der die Juden zu einer »schädlichen« Rasse, die vernichtet werden soll, erklärt werden.

DER MASSENMORD AN DEN EUROPÄISCHEN JUDEN

a) Auschwitz – Holocaust – Schoa

Der Name Auschwitz ist zum Schlüsselbegriff für die Verbrechen an den europäischen Juden in der Zeit des Nationalsozialismus geworden. Weil ein deutsches Wort zur Bezeichnung des Massenmords an den Juden fehlt, wird oft das im Englischen gebräuchliche Wort Holocaust benutzt. Es wurde von dem jüdischen Schriftsteller Elie Wiesel eingeführt und ist in Deutschland durch die Ausstrahlung des gleichnamigen Dokumentarfilms im Jahr 1979 bekannt geworden. Holocaust heißt übersetzt »Ganzopfer«. Der Begriff stammt aus dem Alten Testament und bezeichnet dort das Sühneopfer, das völlig verbrannt wurde (vgl. 3 Mose 1). Er bringt die Absicht völliger Vernichtung der Opfer zum Ausdruck, die die Nationalsozialisten mit ihrem perfekt organisierten Tötungsapparat verfolgten. Kritiker haben zu Recht darauf hingewiesen, dass ein Vergleich zwischen dem biblischen Opfer für Gott und der sinnlosen Ermordung von Millionen Menschen problematisch ist. Heute verwendet man daher oft das neuhebräische Wort Schoa. Es bedeutet »Vernichtung, Katastrophe« und ist die in Israel geläufige Bezeichnung für die Verfolgung und Ermordung der Juden während der NS-Herrschaft.

b) Ausgrenzung und Verfolgung

Feindschaft gegen »die Juden« gehört von Beginn an zum Parteiprogramm der Nationalsozialisten. Auf der Grundlage älterer Rassentheorien erklären die Nationalsozialisten jeden Menschen jüdischer Herkunft – unabhängig von seinem persönlichen Verhalten, seiner Religion, seinem Alter, seiner gesellschaftlichen Stellung – zum Feind des deutschen Volkes. Den Juden wird pauschal alles nationale, soziale und wirtschaftliche Unglück angelastet, das der verlorene Erste Weltkrieg den Deutschen einbrachte. Der Nationalsozialismus knüpft an den seit der Zeit des Kaiserreichs weit verbreiteten Antisemitismus sowie an völkisches, autoritäres und religiös motiviertes antijüdisches Denken an. Die Sprache, die die Nationalsozialisten mit Blick auf die Juden im Deut-

schen Reich verwenden, ist von Anfang an erschreckend deutlich: Man spricht von »Entjudung«, »Ausmerzen«, »Entfernen« und »Unschädlichmachen«.

Nach der Machtübernahme 1933 werden sofort antijüdische Maßnahmen eingeleitet. Diese werden in der Folge ständig verschärft und ausgeweitet. Die erste Welle staatlicher Gewalt gegen Juden setzt im Frühjahr 1933

Öffentliche Demütigung von Juden auf dem Marktplatz von Groß-Gerau am Morgen nach der Pogromnacht

mit einer Boykottaktion gegen jüdische Geschäfte, Warenhäuser, Anwaltskanzleien und Arztpraxen ein. Die Mehrheit der Deutschen hält diese Aktionen für nationalen Überschwang, der sich bald legen werde. Doch schon kurze Zeit später erfolgt mit Hilfe des »Gesetzes zur Wie-

derherstellung des Berufsbeamtentums« der legale Ausschluss aller
»Nichtarier« aus dem öffentlichen Dienst, den freien Berufen sowie
aus Universitäten und Schulen. Diese Maßnahmen sind öffentlich. Sie
finden kaum Widerspruch.

Die Nürnberger Gesetze von 1935 markieren einen radikalen Einschnitt in das Leben jüdischer Menschen in Deutschland. Sie machen
alle Juden im Reich zu Bürgern minderen Rechts. Insgesamt werden
unter dem NS-Regime etwa 2.000 antijüdische Gesetze oder Ergän-
zungsverordnungen erlassen. Die staatlich legitimierte Diskriminierung von Juden macht alle Emanzipationsbestrebungen rückgängig und
bereitet den Weg zur physischen Vernichtung der jüdischen Minderheit.

In einem deutschlandweiten Pogrom, den man wegen der vielen
zerstörten Schaufensterscheiben auch »Reichskristallnacht« nennt, zerstören Nationalsozialisten am 9. Novem-
ber 1938 mehrere Hundert Synagogen
und demolieren mehr als 7.000 jüdische
Geschäfte und Wohnungen. Etwa 26.000
jüdische Männer werden in dieser Nacht
in Konzentrationslager verschleppt und
misshandelt.

Nach Beginn des Zweiten Weltkrieges müssen Juden den gelben Stern als
sichtbares Abzeichen tragen. Das NS-
Regime terrorisiert die jüdische Bevölkerung mit immer neuen Schikanen und
Willkürmaßnahmen. So wird den Juden
beispielsweise verboten, einen Radio-
oder Telefonapparat zu besitzen, Haus-

*In der Pogromnacht brennende
Synagoge in Groß-Gerau*

tiere zu halten oder am Abend die Wohnung zu verlassen.

Die Geschichtswissenschaft diskutiert, von welchem Zeitpunkt an für
die nationalsozialistische Führungselite der Plan, die Jüdinnen und Juden in Deutschland und Europa zu ermorden, beschlossene Sache war.
Unabhängig von historischen Nachweisen gilt: Es führt ein kaum unter-

brochener, zielstrebiger Weg vom ersten Boykott jüdischer Geschäfte 1933 bis zum Massenmord in den Vernichtungslagern.

c) Der NS-Völkermord

Nach dem Überfall auf Polen am 1. September 1939 zwingt die deutsche Besatzungsmacht die polnischen Juden, ihre Wohnungen zu verlassen und in eilig eingerichtete Ghettos zu ziehen. Die Konzentration der jüdischen Bevölkerung in Ghettos ist der erste Schritt, der später die Organisation des Massenmords erst möglich macht. In allen von der Wehrmacht besetzten Ländern ordnen die Nationalsozialisten die unverzügliche Registrierung, Zusammentreibung und Deportation der Juden an.

Parole der 27. Woche, 1942

Millionen Männer, Frauen und Kinder aus fast allen Ländern Europas werden in der Folgezeit deportiert. In besonderen Vernichtungslagern im Osten (Chelmno, Belzec, Sobibór, Treblinka, Majdanek und Auschwitz-Birkenau) beginnt die systematische Tötung. Wie in einem Industriebetrieb organisieren die Nationalsozialisten und ihre Helfer den Antransport der Opfer, die Tötung in den Gaskammern und die Verbrennung ihrer Körper. Sogar das Haar der Opfer, ihre Zähne, Haut und Knochen werden fabrikmäßig verwertet.

Insgesamt fallen dem nationalsozialistischen Rassenwahn durch Vergasung, Erschießung, Injektionen, medizinische Versuche, Vernichtung durch Arbeit oder gezieltes Verhungernlassen rund 5,6 Millionen Juden zum Opfer, davon 2,7 Mio. in den Vernichtungslagern. Außer Jüdinnen und Juden werden auch Angehörige anderer Gruppen verfolgt: Roma und Sinti, Angehörige des Widerstands (Kommunisten, Sozialdemokraten u.a.), männliche und weibliche Homosexuelle, Behinderte, Zeugen Jehovas, Prostituierte, Bettler und Obdachlose.

Jüdische Geschichte und Gegenwart

d) Was bedeutet die Schoa für Juden?

Seit der Befreiung aus Ägypten ist jüdische Religion untrennbar mit Geschichte verbunden, der Glaube mit diesem Volk und seinem Schicksal. So waren die Katastrophen seiner Geschichte immer auch Katastrophen des Glaubens: vom Babylonischen Exil bis zur Vertreibung aus Spanien. Auf das Leid dieser Katastrophen seiner Geschichte hat das traditionelle Judentum zwei Antworten gefunden:

- *die Heiligung des Namens*: der Märtyrer, der um den Preis seines Lebens sich von Gott nicht lossagt, heiligt den Namen Gottes.
- *um unserer Sünden willen*: das Unglück des Volkes erscheint als Folge früherer Verfehlungen.

Diese Deutungen finden wir noch in zahlreichen, erschütternden Zeugnissen aus den Ghettos und Lagern. Sie sind die Voraussetzung, um die neuere jüdische sog. Holocaust-Theologie zu verstehen. Diese Holocaust-Theologie entstand – nach Jahren der Sprachlosigkeit auch auf jüdischer Seite – Mitte der 60er-Jahre in den USA und in Israel. Sie stellt die traditionellen Deutungen der Geschichtskatastrophen in Frage. Kann ein Jude nach Auschwitz noch sinnvoll von Gottes Gegenwart in der Geschichte sprechen? Wo war Gott? Wo war

»Im Andenken an die Opfer der Konzentrations- und Vernichtungslager«, Plastik von Nandor Glid in Yad Vaschem, Jerusalem

sein Erbarmen, wo seine Liebe zum auserwählten Volk? Oder entpuppt sich der biblische Gott der Liebe als menschenfressendes Monster in brauner Uniform?

Den Anstoß zu dieser neuen Diskussion gibt 1966 der amerikanische Rabbiner Richard Lowell Rubenstein (Die Werke der jüdischen Holocaust-Theologie sind durchweg nicht ins Deutsche übersetzt worden. Einen ersten Einblick zu den genannten und anderen Autoren gibt: »Wolkenschein und Feuersäule. Jüdische Theologie des Holocaust. Hg. von Michael Brocke und Herbert Jochum, München, 1982). Rubenstein wird deutlich, wie sehr das Judentum mit dem traditionellen Sünde-Strafe-Schema in der Gefahr steht, selbst ein Ereignis wie den Holocaust zu rechtfertigen. Er kommt zu der radikalen Schlussfolgerung: Nach Auschwitz sei die Existenz Gottes als Herr der Geschichte nicht mehr denkbar. Er ist tot. Könnte Gott noch existieren, dann wäre er ein moralisches Ungeheuer.

Dieser Konsequenz widerspricht der in Halle geborene Rabbiner Emil Ludwig Fackenheim: Gäbe es keine andere Möglichkeit, als nach Auschwitz jede Existenz Gottes zu leugnen, dann hätte Hitler den totalen Sieg errungen. Nicht nur das jüdische Volk, sondern auch sein Herzstück, der jüdische Glaube, wäre vernichtet. Fackenheim setzt bei der anderen traditionellen Deutung von

> »Hitler dürfen keine posthumen Siege gewährt werden.«   Emil Fackenheim

Leid in der Geschichte ein: der »Heiligung des Namens«. Denn, so Fackenheim, sogar die Möglichkeit des Martyriums wurde von den Nazis vernichtet. Ein Martyrium setzt eine Wahl voraus. Bei den Kreuzfahrern konnten Juden immerhin noch zwischen Taufe und Tod wählen. Auschwitz dagegen, betont er, war der größte diabolischste Versuch, der je unternommen wurde, um das Martyrium selbst zu morden und auch dem Tod, das Martyrium eingeschlossen, seine Würde zu rauben. Fackenheim kommt zu der Schlussfolgerung: Juden ist es verboten, Hitler einen posthumen Sieg zu verschaffen. Ihnen ist es geboten, als Juden zu überleben, ihnen ist es verboten, am Gott Israels zu verzweifeln. Dieses unbedingte Gebot zu überleben bindet Fackenheim in ein Geschichtsbild ein, in dem der Holocaust und die Rettung der Überlebenden im neuen Staat Israel eine ähnlich grundlegende Bedeutung bekommen wie der Sinai oder der Exodus.

Irving Greenberg betont, Auschwitz sei unverstehbar. Es sei vielmehr unumgänglich wahrzunehmen, dass es Zeiten gibt, in denen der Glaube überwältigt werde: Wir müssen nun von »Augenblicken des Glaubens« sprechen, Augenblicke, in denen der Erlöser und die Vision der Erlösung gegenwärtig sind, unterbrochen von Zeiten, in denen die Flammen und der Rauch der verbrennenden Kinder den Glauben auslöschen – wenngleich er wieder auffachen wird. Greenberg kritisiert alle Versuche, auf Auschwitz eine endgültige theologische Antwort zu formulieren. Nach dem Holocaust sollte es keine Endlösungen mehr geben, nicht einmal mehr theologische.

Blumenthal, der viele Jahre lang mit sexuell missbrauchten Menschen gearbeitet hat, entdeckt viele Parallelen zwischen den Opfern sexuellen Missbrauchs und den Opfern des Holocaust. Die Unschuld der Opfer, nicht die Tiefe ihres Leidens oder die Grausamkeit des Verfolgers ist, was den Missbrauch zum »Missbrauch« macht. Weil aber Blumenthal an dem persönlichen Gottesbild der Bibel festhalten und die Vorstellung Gottes als Herrn der Geschichte nicht aufgeben möchte, kommt er angesichts der Unschuld der Opfer zu dem Ergebnis: Gott hat sie missbraucht. Glaube nach Auschwitz ist für ihn Protest gegen den missbrauchenden Gott. Dazu greift er die Anklagen Gottes in den Psalmen auf, etwa Psalm 44,12f.: »Du gibst uns dahin wie Schlachtschafe und zerstreust uns unter die Heiden. Du verkaufst dein Volk um ein Nichts.« Die sich gegen Gott richtenden Klagen in den Psalmen werden für ihn zur Sprachhilfe des Glaubens.

Die Spannungen, offenen Fragen und Widersprüche sind es, die jüdisches Denken nach Auschwitz bestimmen. Sie widersprechen einer traditionellen, auf Widerspruchsfreiheit angelegten Theologie. Ein Impuls vor allem ist bestimmend: Protest! Es ist ein – trotz und alledem – vor und an Gott gebundener Protest.

Der jüdische Erzähler Elie Wiesel, der als Kind die Vernichtungslager Birkenau, Auschwitz, Buna und Buchenwald überlebt hat, thematisiert in seinem Werk das Ringen mit Gott. Er erzählt die folgende Geschichte:

>»Im Königreich der Nacht nahm ich an einem sehr merkwürdigen Prozess teil. Drei fromme und gelehrte Rabbiner hatten beschlossen, über Gott zu Gericht zu sitzen wegen des Blutbades unter seinen Kindern. In erregter Diskussion erhoben sie verbittert Anklage gegen Gott, der sein Volk dem Vergessen und somit den Mördern anheim gegeben habe. Gott komme seinen Bundesverpflichtungen in sträflicher Weise nicht nach. Am Ende des Prozesses sprachen sie Gott schuldig. Dann sagte einer der Rabbiner angesichts der untergehenden Sonne. Es ist Zeit zum Beten. Und sie senkten ihre Köpfe und beteten.«*

> (aus: E. Wiesel: Der Prozeß von Schamgorod, Freiburg, 1987, S. 6)

Nelly Sachs: Wir Geretteten...

Die jüdische Dichterin Nelly Sachs, die 1975 den Nobelpreis erhielt, schrieb 1946
den »Chor der Geretteten«

Wir Geretteten,
Aus deren hohlem Gebein der Tod schon seine Flöten schnitt,
An deren Sehnen der Tod schon seinen Bogen strich –
Unsere Leiber klagen noch nach
Mit ihrer verstümmelten Musik.
Wir Geretteten,
Immer noch hängen die Schlingen für unsere Hälse gedreht
Vor uns in der blauen Luft –
Immer noch füllen sich die Stundenuhren mit unserem tropfenden Blut.
Wir Geretteten,
Immer noch essen an uns die Würmer der Angst.
Unser Gestirn ist vergraben im Staub.
Wir Geretteten
Bitten euch:
Zeigt uns langsam eure Sonne.
Führt uns von Stern zu Stern im Schritt.
Lasst uns das Leben leise wieder lernen.
Es könnte sonst eines Vogel Lied,
Das Füllen des Eimers am Brunnen
Unseren schlecht versiegelten Schmerz aufbrechen lassen
Und uns wegschäumen –
Wir bitten euch:
Zeigt uns noch nicht einen beißenden Hund –
Es könnte sein, es könnte sein
Dass wir zu Staub verfallen –
Vor euren Augen zerfallen in Staub.
Was hält denn unsere Webe zusammen?
Wir odemlos gewordenen,
Deren Seele zu Ihm floh aus der Mitternacht
Lange bevor man unseren Leib rettete
In die Arche des Augenblicks.
Wir Geretteten,
Wir drücken eure Hand,
Wir erkennen euer Auge –
Aber zusammen hält uns nur noch der Abschied,
Der Abschied im Staub
Hält uns mit euch zusammen.

(aus: Fahrt ins Staublose. Die Gedichte der Nelly Sachs, Frankfurt/M., 1961, S. 50f.)

Jüdische Geschichte und Gegenwart

Wiesel erzählt ebenfalls von einer Gruppe von Juden, die in einem Vernichtungslager sich zum Gebet versammelten. Und einer unter ihnen sprach: »Pst! Betet nicht so laut, Gott hört sonst, dass es noch Juden gibt, die leben!« (Berichtet von Emil Fackenheim in ›God's Presence in History‹, New York, 1970, S. 67)

e) Was bedeutet die Schoa für Christen?

»Wir Christen kommen niemals mehr hinter Auschwitz zurück; über Auschwitz hinaus kommen wir, genau besehen, nicht mehr allein, sondern nur noch mit den Opfern von Auschwitz.« Dieser Satz von Johann B. Metz beschreibt die Aufgabe christlicher Theologie heute.

Nach 1945 fragten Christinnen und Christen zunächst aus der Täterperspektive: Wie konnte das geschehen? Sie mussten erkennen, dass 2.000 Jahre christlicher Judenfeindschaft den Weg nach Auschwitz vorbereitet haben. Vorwürfe wie der des »Gottesmordes«, polemische Verurteilungen, Gott habe das jüdische Volk verworfen, und die Behauptung, die Kirche sei als das »neue Israel« an ihre Stelle getreten, haben bereits vor der Schoa Juden ihr Existenzrecht theologisch abgesprochen.

Deshalb gehören zum christlichen Glauben nach Auschwitz ein Schuldbekenntnis und die Einsicht: Gott hat seinen Bund mit Israel nicht aufgekündigt! Dieser Satz ist zum Ausgangspunkt weiteren Nachdenkens im Verhältnis zum Judentum geworden. Biblisch gesprochen heißt das Paradigma nicht mehr: »Darum sage ich euch: Das Reich Gottes wird von euch genommen und einem Volk gegeben werden, das seine Früchte bringt.« (Mt 21,43) Das neue Paradigma heißt: »Gottes Gaben und Berufung können ihn nicht gereuen.« (Röm 11,29) Diese Lesehilfe ist notwendig, sind doch die neutestamentlichen Schriften »in einer Zeit entstanden, als die junge Kirche sich vom Judentum löste. Es hat mit diesem Prozess gegenseitiger Abgrenzung zu tun, dass das Neue Testament einerseits nicht frei von Polemik ist, andererseits noch nicht zu einer einheitlichen Lehre über das Verhältnis der Christen zu den Juden gefunden hat.« (Synode der Ev.-luth. Landeskirche Hannovers

1995) Die bisherigen Schritte dieser Umkehr sind im Kapitel III.A.3. beschrieben. Viele Fragen bleiben aber noch offen und manche werden vielleicht immer offen bleiben.

Vor allem quält die offene Frage, welche theologische Bedeutung Auschwitz hat. Bisherige Antworten des christlichen Glaubens scheinen nicht mehr zu passen. Im jüdischen Denken sind angesichts von Auschwitz die traditionellen Deutungen von Unglück und Leid zerbrochen, es sei geschehen ›um unserer Sünde willen‹ oder ›zur Heiligung des Namens Gottes‹, also um Märtyrer zu sein. Ebenso versagen auch die traditionellen christlichen Deutungen der Kreuzestheologie und Theodizee angesichts von Auschwitz. Versucht man das Geschehene in den Kategorien ›Leid‹ und ›das Böse‹ zu deuten, werden die Erfahrungen der Menschen in Auschwitz diesen allgemeinen Kategorien untergeordnet. Diese Deutung droht, die Opfer lediglich zu einem Exempel für eine schon vorhandene, immer und überall passende Theorie und damit erneut unsichtbar zu machen und sie so ihrer Individualität zu berauben.

Bis heute gibt es hierzu in der Theologie mehr Fragen als Antworten. Was bedeutet das Opfer Christi angesichts und in Auschwitz? Was bedeutet das »ein für alle Mal« seines Todes, wenn sein Volk millionenfach zum Tod in den Gaskammern verdammt wurde? Können Golgatha und Auschwitz zusammengedacht werden?

Ein Glaube, der sich von Auschwitz erschüttern lässt, wird die Individualität der Einzelnen wahrnehmen und das Zeugnis der Opfer als Gegenüber des eigenen Denkens und der eigenen Glaubensexistenz hören. Er wird dabei zwischen der Täter- und der Opferperspektive unterscheiden. In den Zeugnissen der Opfer begegnet ihm der auferstandene Christus, der die Glaubenden anredet: »Was ihr getan habt einem von diesen meinen geringsten Brüdern, das habt ihr mir getan.« (Mt 25, 40) Er wird sich streng davor hüten, Auschwitz nachträglich einen theologischen Sinn zu unterlegen. Diese Einsicht verbindet christliche Theologie mit jüdischem Denken.

Elie Wiesel sagt: »Es kann keine Theologie nach Auschwitz geben und schon gar nicht über Auschwitz geben. Denn wir sind verloren, was immer wir tun; was immer wir sagen, ist unangemessen .... Vielleicht wird man eines Tages erklären, wie Auschwitz auf menschlicher Ebene möglich war, auf der Ebene Gottes wird dies immer ein beunruhigendes Geheimnis bleiben.« (Süddeutsche Zeitung 28./29.3.1989)

Der amerikanische Theologe Robert McAfee Brown erzählt folgende Begebenheit:

Er war zusammen mit einer Gruppe, darunter jüdische Überlebende von Auschwitz, zum Krematorium von Birkenau gegangen. Als er an diesem Ort des Grauens stand, dachte er: Golgatha offenbarte die Gottverlassenheit eines Juden. Birkenau vervielfacht diese Angst um mindestens dreieinhalb Millionen Mal. Für mein weiteres Leben wird dieses Krematorium das machtvollste Faktum gegen Gott repräsentieren ... Aber schließlich hörte er, wie in einem immer größer werdenden Chor der anderen, die meisten von ihnen Juden, das Schma Jisrael gebetet wurde Höre Israel, der HERR unser Gott, der HERR ist Einer. McAfee Brown schreibt weiter: »An dem Ort, an dem der Name Gottes unter Qualen verleugnet werden könnte, wurde der Name

Einfahrtstor zum ehemaligen Vernichtungslager Auschwitz-Birkenau

Gottes unter Schmerzen bejaht – gerade von denen, die allen Grund hätten, ihn zu verleugnen. Ich erzitterte in der Spannung zwischen meinem Drang zur Verleugnung und ihrer Entscheidung zur Bejahung. Weil ich in Birkenau stand, ist es unmöglich für mich, an Gott so zu glauben, wie ich es zuvor tat.« (aus: Robert McAfee Brown: Elie Wiesel. Zeuge für die Menschheit. Freiburg, 1990. S. 202f.)

»Erklärung zur Schuld am jüdischen Volk vom 17./18. April 1948, Sächsische Landessynode

Wir empfinden es als tief beschämend, daß der umfassendste und grausamste Versuch zur gewaltsamen Ausrottung des Judentums, den die Weltgeschichte kennt, im Namen des deutschen Volkes unternommen worden ist. Millionen Juden, Männer, Frauen und Kinder, ein Drittel des gesamten Volksbestandes, wurden von uns vernichtet. Es bedarf keines Wortes darüber, daß dies den christlichen Grundsätzen der Gerechtigkeit, Duldung und Nächstenliebe im tiefsten widerspricht. Es wäre aber zu billig, die Verantwortung dafür auf die damaligen Machthaber, an denen Gottes Gericht sich erfüllt hat, abzuschieben. Sofern der Rassenhaß unter uns gehegt oder doch ohne ernstlichen Widerstand geduldet worden ist, sind wir mitschuldig geworden. Auch unsere sächsische Kirche hat zur Verfolgung der Juden, selbst der christlichen, beigetragen. Seit 1933 wurde durch die damalige Kirchenleitung planmäßig der Weg beschritten, die Judenchristen aus der christlichen Gemeinschaft auszuschließen. Viele Pfarrer und Gemeinden haben dazu geschwiegen, ja manche haben sich an dieser Haltung sogar persönlich beteiligt. Wenn es auch an bewußt christlicher Gegenwirkung nicht gefehlt hat, so ist es doch durch den Bruch kirchlicher Gemeinschaft mit den Juden zur Verleugnung des Wesens der Kirche gekommen ...«

(aus: Hendrix/Rendtorff (Hg.): Die Kirchen und das Judentum. Dokumente von 1945-1985, Paderborn, München, 1988, S. 544f.)

DER ISRAELISCHE HOLOCAUST-GEDENKTAG

In Israel gibt es seit 1951 einen landesweiten Gedenktag zur Erinnerung an den Holocaust. Als Datum wählte man den Tag, der im jüdischen Kalender dem 19. April 1943 entspricht (d. h. dem 27. Nissan). 1943 brach an diesem Tag im Warschauer Ghetto der Aufstand gegen die deutsche Wehrmacht aus. Der *Jom Ha-Schoa* wird auch außerhalb Israels in vielen jüdischen Gemeinden begangen.

In Israel heulen am *Jom Ha-Schoa* die Sirenen und rufen die Menschen zu einigen Minuten des Schweigens auf. Die Fußgänger bleiben stehen, die Autos auf den Straßen bremsen und fahren an den Straßenrand. Ein ganzes Land hält für ein paar Augenblicke den Atem an. Die Gedanken der Menschen aber gehen weiter.

Der Fahrer der Linie 18 in Jerusalem hat seinen voll besetzten Autobus zum Stehen gebracht. »Meine Familie kommt aus Marokko. Ich habe erst hier in der Schule erfahren, dass man in Auschwitz Juden mit Gas getötet hat. Aber seitdem weiß ich, dass Israel ein starkes Land sein muss. Nie wieder sollen Juden wie ›Lämmer auf der Schlachtbank‹ sterben. Dass Israel in Frieden und Sicherheit leben kann, das sind wir den Gemordeten von Auschwitz schuldig.«

Schräg hinter dem Fahrer sitzt Orna. Sie ist 78 und auf dem Weg zu ihrer Enkelin. Sie will sie in der neuen Wohnung besuchen. »Ich bin als junges Mädchen ins Land gekommen. Alle Verwandten habe ich in Polen verloren. Ich weiß noch nicht einmal, wo meine Eltern gestorben sind. Jetzt lebe ich für meine elf Enkel. Das Wichtigste ist, dass wir den jungen Menschen die Chance zu einem Leben geben, das nicht auf Hass gegründet ist.«

In der letzten Sitzreihe hat Jossi die Beine auf die Bank gelegt. Er wartet entnervt, dass der Bus weiterfährt. »Bestimmt ist Mama wieder drei Tage nicht ansprechbar und schließt sich ins Schlafzimmer ein. Warum kann sie nicht aufhören mit den alten Geschichten. Das ist doch eine Ewigkeit her. Wann merkt sie endlich, dass die Toten auch ihre Ruhe wollen. Aber sie spricht sogar mit ihnen. Ich hasse *Jom Ha-Schoa*.«

Vor ihm sitzt David. »Die wichtigste Lehre des Holocaust ist, dass die Menschen im Grunde zu allem fähig sind. Zum Guten und zum Bösen. Ich bin Lehrer geworden, weil ich mich mein ganzes Leben gefragt habe, wie man jemanden zu einem guten Menschen erziehen kann. Ich weiß es immer noch nicht. Wissen und Bildung sind nicht alles.«

»Ich bin ein alter Mann,« stöhnt David leise. »Alt und müde, sehr müde. Das Mädchen da vorne ist jetzt so alt, wie es meine Tochter war, als man sie von mir nahm. Dasselbe weiche schwarze Haar. Aber ich zweifle schon daran, ob ich überhaupt einmal eine Tochter gehabt habe. Mit dem Tod eines geliebten Menschen stirbt ein Teil von einem selbst. So ist das. Wer es durchgemacht hat, weiß es. Damals bin ich zur Hälfte gestorben. Bald bin ich es ganz. Dann wird niemand mehr wissen, dass es einmal ein junges Mädchen mit weichen schwarzen Haaren gab, das leben wollte.«

Die Sirene verstummt. Sie wird abgelöst vom Hupen der Autofahrer, denen es nicht schnell genug weitergeht.

Jüdische Gemeinden in Deutschland 1945–2003

Vor 1933 gibt es in Deutschland ungefähr eine halbe Million Jüdinnen und Juden. Etwa zwei Drittel von ihnen können bis 1939 ins Ausland entkommen. Von den Verbliebenen überleben nur etwa 15.000 außerhalb der Konzentrationslager, die Mehrzahl von ihnen, weil sie mit Nichtjuden verheiratet sind und zunächst von den Deportationen verschont bleiben. Ein kleinerer Teil überlebt versteckt und in der Illegalität. Das ist das Ende des deutschen Judentums der Vorkriegszeit.

Mit Beginn des Jahres 1946 verändert sich die Situation dramatisch und sollte für die Zukunft der jüdischen Gemeinden in Westdeutschland entscheidend werden. Eine Welle antisemitischer Pogrome läuft durch das befreite Polen. Als Folge bleiben viele der aus den Konzentrationslagern befreiten osteuropäischen jüdischen Häftlinge in Deutschland. Und von den polnischen Juden, die sich beim Überfall in die Sowjetunion retten konnten und inzwischen nach Polen zurückgeführt worden waren, strömen viele in die westlichen Besatzungszonen. Ist die Zahl im Februar 1946 bereits auf ca. 70.000 angewachsen, zählen die Besatzungsmächte im Sommer bereits 100.000; ein Jahr später hat sich die Zahl verdoppelt.

Die westlichen Alliierten richten für sie eigene Lager ein, die sog. *displaced persons camps*. Diese *DP-Camps*, wie Bergen-Belsen, Föhrenwald, Landsberg, Berlin, werden für die nächsten Jahre die eigentlichen Zentren jüdischen Lebens und Überlebens in Deutschland: selbstverwaltete jüdische Gemeinschaften mit eigenen Schulen, Ausbildungsstätten, Kultureinrichtungen, politischen Organisationen, Sportvereinen und Zeitungen.

Beide Gruppen, die deutschen Juden, die in der Illegalität oder in den Lagern überlebt haben, und die *DP's* sehen ihren Aufenthalt in Deutschland als vorübergehend an und warten auf die nächstmögliche Gelegenheit zur Auswanderung aus dem »Land der Mörder«. Die meisten haben ihre Familie zum Teil oder ganz verloren und sind völlig entwurzelt. In Deutschland schlägt ihnen nach wie vor antisemitische Feindseligkeit entgegen; allein 1946 und 1947 werden 200 jüdische Friedhöfe geschändet. Vor allem seit der Staatsgründung Israels 1948 leeren sich die Camps. Etwa 200.000 jüdische Verfolgte wandern bis 1952 aus.

Etwa 15.000 Jüdinnen und Juden bleiben in Deutschland – meist gegen ihre Absicht. Einige sind physisch und psychisch zu schwach, um weiterzuziehen. Andere haben nichtjüdische deutsche Partner. Die Mehrzahl ist zunehmend in die wachsende deutsche Wirtschaft integriert. Viele Versuche, insbesondere in den fünfziger Jahren, doch noch eine Existenz in Israel oder in den USA aufzubauen, schlagen fehl, oft kehren diese Juden nach Deutschland zurück. Die Fluktuation in den folgenden Jahren ist hoch: jährlich wandern etwa 1.000 Menschen zu und etwa 400 aus. Die Zahl steigt allmählich wieder auf etwa 28.000 an.

Mit der Neugründung und Konsolidierung jüdischer Gemeinden beginnt ab etwa 1950 eine zweite Phase jüdischen Lebens. Die verbliebenen DP's und die verbliebenen deutschen Juden bilden jetzt zusammen die Mitgliedschaft der jüdischen Gemeinden. Die Integration der beiden Gruppen in einer Gemeinde ist wegen des unterschiedlichen kulturellen und religiösen Hintergrundes nicht einfach. Die zugezogenen osteuropäischen Juden bringen ihre osteuropäische Kultur und eine in der Regel orthodox geprägte Frömmigkeit mit. Nur 10 bis 20 % der Gemeindemitglieder stammt aus der Tradition des deutschen Judentums. Die jüdische Gemeinschaft in Deutschland kann nicht an die Vorkriegstradition anknüpfen und muss sich neu definieren und begründen. In vielen rabbinischen Erklärungen zu grundlegenden Fragen wie Konversionen, Rekonversionen, Mischehen usw. ist dieser Prozess ablesbar.

> »... die osteuropäischen Juden ... waren ganz davon in Anspruch genommen, sich eine Existenz zu schaffen, und gingen in ihren Familien auf; die Schatten fielen auf ihre Kinder.«   Ruth Gay, Historikerin

Die Menschen leben nach wie vor auf den sprichwörtlich »gepackten Koffern«. Sie müssen nicht nur ihr individuelles Schicksal verarbeiten, sondern auch als jüdische Gemeinschaft in Deutschland ihren Ort finden. Juden in aller Welt missbilligen ihr Verbleiben im »Land der Mörder«. Denn nachdem die Verbrechen am europäischen Judentum in ihrem ganzen Ausmaß bekannt werden, herrscht bei Juden aller Länder die selbstverständliche Erwartung, dass Deutschland ein gebanntes Land sein werde, in dem niemals mehr Juden leben sollten. Sie bleiben aber auch in Deutschland Außenseiter, weil ihre Anwesenheit die nichtjüdische Bevölkerung beständig an die deutsche Schuld erinnert.

Die Synagoge in Darmstadt

Die wenigen jüdischen Gemeinden behalten den Charakter des Provisorischen. Die sozialen Beziehungen zur nichtjüdischen Umwelt sind von einer starken Befangenheit geprägt. Engere Kontakte mit Nichtjuden werden häufig vermieden. Umgekehrt hat die kleine Zahl zur Folge, dass Nichtjuden kaum die Chance haben, Jüdinnen oder Juden im Alltag zu begegnen. In der Öffentlichkeit wird die jüdische Gemeinschaft lediglich über ihre Repräsentanten, vor allem den 1950 gegründeten »Zentralrat der Juden in Deutschland« und deren Vorsitzenden an den Gedenktagen wahrgenommen. Die jüdischen Gemeinden selbst leben zu dieser Zeit auf einer Insel. Für manche wird Israel zum Bezugspunkt, der ihre Identität prägt, ohne doch die Bindung an Deutschland aufgeben zu können. Im Inneren leiden die Gemeinden unter einem Mangel an Rabbinern, Kantoren und Lehrern.

Die Gemeinden organisieren sich als »Einheitsgemeinden«: Alle Jüdinnen und Juden einer Stadt bilden eine einzige Gemeinde, in der das Gemeindeleben und das Synagogengebet so geordnet sind, dass sich alle beteiligen können. Aufgrund des – bis heute – andauernden Gewichts der von ihrer orthodoxen Tradition geprägten osteuropäischen Juden, sind in den Einheitsgemeinden traditionelle Ausprägungen des religiösen Lebens vorherrschend – im Gottesdienst, bei Trauungen, in der Rolle der Frau. Diese Vorherrschaft führt über die Jahrzehnte hinweg immer wieder zu Auseinandersetzungen, vor allem mit denjenigen, die sich der Tradition des liberalen deutschen Judentums verpflichtet sehen.

Der Wiederbeginn jüdischen Lebens in der späteren DDR unterscheidet sich in zwei Merkmalen wesentlich von dem in Westdeutschland. Es gibt keine *displaced persons camps*. Dadurch ist die Zahl der

Jüdische Geschichte und Gegenwart

Jüdinnen und Juden wesentlich geringer und der Einfluss des orthodox geprägten osteuropäischen Judentums fehlt. Zum anderen kehren jüdische Emigranten aus politischen Gründen in die sowjetische Besatzungszone zurück, weil sie hoffen, hier beim Aufbau eines demokratischen, antifaschistischen Deutschland mitwirken zu können. Von ihnen wird allerdings nur ein Teil Mitglied einer jüdischen Gemeinde, viele von ihnen haben sich bereits vor 1933 vom Judentum als Religion gelöst. Während der gesamten Geschichte der DDR erschwert es die marxistisch-leninistische Ideologie, das Judentum eigenständig wahrzunehmen und den Antisemitismus als eine wesentliche Antriebskraft des Nationalsozialismus zu erkennen. Das Judentum wird nur als »Nationalität« wahrgenommen. Verbunden mit der Prämisse, dass mit der Umgestaltung der sozio-ökonomischen Verhältnisse und der damit einhergehenden Umwertung aller geistigen Werte, letztendlich auch die nationale Frage einschließlich der so genannten jüdischen Frage gelöst werde, bleibt letztlich nur die völlige Assimilation der Juden an die Umgebungsgesellschaft. Eine Auseinandersetzung mit dem auch in der Bevölkerung der DDR vorhandenen Antisemitismus hat unter diesen ideologischen Vorgaben keine Chance.

Von den zurückgekehrten Emigranten stehen viele dem Staat loyal gegenüber und engagieren sich in SPD und später SED, einige durchaus auch zusätzlich in den jüdischen Gemeinden. Die parteiinternen Säuberungswellen der Jahre 1949 bis 1951 und im Gefolge der Slansky-Prozesse in der CSSR 1952 und 1953 bringen antisemitische Tendenzen mit sich. Viele der jüdischen Parteimitglieder werden verhaftet. Daraufhin verlassen mehrere Hundert jüdische Bürger bis zum Sommer 1953 die DDR. Die meisten Gemeinden verlieren in diesem Zeitraum die Hälfte ihrer Mitglieder, Austritte und die zunehmende Überalterung tun ein Übriges. Bis zum Ende der DDR sinkt die Zahl der Mitglieder jüdischer Gemeinden von 3.100 im Jahr 1945 auf 350.

Die kleinen Gemeinden werden zwar staatlicherseits geschützt und unterstützt, der seit 1967 von der SED vertretene Antizionismus bringt aber weitere Reibungsflächen. Er führt dazu, dass Informationen über den Zionismus, Geschichte und Politik des Staates Israel fehlen und die Frage einer besonderen Verpflichtung auch dieses deutschen Staates gegenüber Israel tabuisiert wird. In Leipzig und an anderen Orten entstehen jüdisch-christliche Arbeitsgemeinschaften, die unter dem Dach der Kirche diesem Defizit zu begegnen versuchen. Diese Situation ändert sich erst Mitte der 80er-Jahre, zumal nun Jüdinnen und Juden der jüngeren Generation verstärkt nach ihren jüdischen Wurzeln fragen.

Etwa mit dem Jahr 1989 beginnt eine Phase des Umbruchs in den jüdischen Gemeinden. Ein Generationenwechsel findet statt. Als Repräsentanten werden nach und nach die Menschen, die noch persönlich die Verfolgung erlebt haben, von einer jüngeren, bereits in der Bundesrepublik aufgewachsenen Generation abgelöst. An die Stelle eines Lebens auf ›gepackten Koffern‹ tritt das Bewusstsein, in Deutschland zu Hause zu sein. Man beginnt, wieder von ›deutschen Juden‹ zu sprechen und nicht mehr nur von ›Juden in Deutschland‹.

Gemeindehaus der Jüdischen Gemeinde in der Berliner Fasanenstraße

Gleichzeitig entsteht eine neue Vielfalt innerhalb des deutschen Judentums. Neben den Einheitsgemeinden bilden sich liberale Gemeinden, die versuchen, an die Traditionen des deutschen liberalen Judentums anzuknüpfen. Sie sind zunächst nicht im Zentralrat der Juden in Deutschland vertreten und schließen sich zur »Union der progressiven Juden in Deutschland und Österreich« zusammen. Diese beginnende Vielfalt führt zu Spannungen innerhalb der jüdischen Gemeinschaft. Einige befürchten, dass die Abwendung von der Einheitsgemeinde die Gemeinden schwächen könnte, andere sehen in der entstehenden Vielfalt ein Zeichen neuer Vitalität.

Schließlich führt die Aufnahme von Juden aus der ehemaligen Sowjetunion dazu, dass sich die Zahl der Jüdinnen und Juden in einem Jahrzehnt verdreifacht. Lebten 1989 weniger als 30.000 Jüdinnen und Juden in

Deutschland, so zählen die Gemeinden nach wenigen Jahren über 100.000 Personen. Damit stehen sie vor der riesigen Aufgabe, die Zugezogenen sowohl in die Gesellschaft der Bundesrepublik als auch in die jüdischen Gemeinden zu integrieren. Für diese soziale Herausforderung und Bildungsaufgabe fehlen ihnen Räume, Geld und ausgebildetes Personal. Da die Zugezogenen in der Sowjetunion häufig ihrer religiösen Tradition entfremdet wurden, wirkt sich nun der Mangel an Rabbinern und Religionslehrern besonders aus.

Diese Übergangsphase ist abgeschlossen. Im Jahr 2013 sind unter dem Dach des Zentralrats der Juden 23 Landesverbände mit insgesamt 108 jüdischen Gemeinden und ihren ca. 105.000 Mitgliedern organisiert. Das Spektrum der religiösen Denomination innerhalb der Gemeinden ist weit gefächert und reicht von orthodoxen über konservative bis hin zu liberalen Gemeinden.

Daneben gibt es inzwischen, vor allem in den großen Städten, zahlreiche andere Gruppen: jüdische Kulturvereine, deren Mitglieder ihr Jüdischsein unabhängig von der Religion definieren und fragen: »Was bedeutet es, Jude zu sein, wenn die Religion nicht so wichtig ist?« Es gibt Frauengruppen, wie Beth Debora in Berlin; politische Gruppen, die die Gewalt gegen Asylbewerber bekämpfen oder sich für NS-Verfolgte einsetzen; Mediziner und Psychologen, die ethische Fragen aus jüdischer Tradition bearbeiten; Gruppen von Schwulen und Lesben.

Sie alle treten selbstbewusster an die Öffentlichkeit als die jüdischen Gemeinden vergangener Jahrzehnte.

Seit dem Jahr 2001 bildet das Abraham Geiger Kolleg an der Universität Potsdam Rabbiner und Rabbinerinnen sowie Kantoren und Kantorinnen aus. Die ersten Absolventen wurden 2006 ordiniert. Das Abraham Geiger Kolleg sieht sich in der Tradition der liberalen Hochschule für die Wissenschaft des Judentums, die bis 1942 in Berlin existierte. Auch das modern-orthodoxe Judentum verfügt inzwischen über eine eigene Ausbildungsstätte für Rabbiner. An die Jeschiwa Beis Zion in Berlin, einer traditionellen Talmudhochschule, wurde 2009 vom Zentralrat der Juden und der Ronald S. Lauder Stiftung das Hildesheimersche Rabbinerseminar angegliedert. Die ersten Absolventen wurden 2009 ordiniert. Das Hildesheimersche Seminar sieht sich in der Tradition der von Esriel Hildesheimer 1869 gegründeten modern-orthodoxen Vorgängerinstitution. Die Hochschule für jüdische Studien in Heidelberg hat ebenfalls einen Studiengang für das Rabbinat, das binnendifferenziert auf verschiedene jüdische Denominationen orientiert werden soll. Damit ist die Chance gegeben, dass die unterschiedlich

Polizeischutz vor der Synagoge in der Oranienburger Straße in Berlin

geprägten jüdischen Gemeinden zukünftig über Rabbiner verfügen, die mit den Lebensverhältnissen in Deutschland vertraut sind. Schließlich bietet der Zentralrat der Juden gemeinsam mit der Fachhochschule Erfurt einen berufsbegleitenden Masterstudiengang an, um Leitungspersonal für jüdische Gemeinden auszubilden.

Nach wie vor haben nur wenige nichtjüdische Deutsche eigene Erfahrungen mit Juden. Dadurch wird das Bild der jüdischen Gemeinschaft durch die öffentliche Wahrnehmung und die Darstellung in den Medien bestimmt und bisweilen verzerrt; das Bild ist oft geprägt von einem idealisierten und romantisch verklärten deutschen Vorkriegsjudentum, einer auf die Orthodoxie fixierten Frömmigkeit oder durch die prominente Rolle, die einzelnen Juden in den Medien bei Kommentaren zu Rechtsradikalismus, Rassismus oder Antisemitismus zugewiesen wird. Dieses verzerrte Bild hat bei allen Umfragen zur Folge, dass Einfluss und Zahl der jüdischen Gemeinschaft in Deutschland deutlich überschätzt wird und Fantasiezahlen von bis zu einer oder anderthalb Millionen Juden in Deutschland genannt werden. Immer wieder aufbrechender Antisemitismus bekommt durch den Nahostkonflikt eine neue Schärfe und führt dazu, dass Jüdinnen und Juden bedroht werden und jüdische Einrichtungen polizeilich geschützt werden müssen. Dennoch leben vor allem die Jüngeren in dem Bewusstsein, in Deutschland zu Hause zu sein, und vertreten selbstbewusst den Anspruch, als Minderheit in dieser Gesellschaft anerkannt leben zu können.

Jüdische Geschichte und Gegenwart

Israel

Viele denken heute bei »Israel« zuerst an den Staat Israel. Aber Israel ist mehr als ein Staat. Ebenso können damit das Volk Israel oder das Land Israel gemeint sein. Manche jüdischen Gemeinden in Deutschland tragen den Namen »Israelitische Kultusgemeinde«. Darin kommt zum Ausdruck, dass das Volk Israel uns konkret auch als Gottesdienstgemeinde begegnen kann. Schließlich sind das Volk Israel und das Land Israel nach jüdischem religiösen Selbstverständnis eng an die von Gott gegebene *Tora* Israels gebunden. Die folgenden drei Abschnitte behandeln nacheinander das Volk, das Land und den Staat Israel. Der vierte Abschnitt schließlich wendet den Blick auf die Stadt Jerusalem, die für Israel eine zentrale Rolle spielt.

Die große Menora von Benno Elkan vor der Knesset in Jerusalem

DAS VOLK ISRAEL

Bezeichnet man Jüdinnen und Juden als »Volk Israel« (hebr.: *Am Jisrael*), dann wird die Kontinuität ihrer Gemeinschaft durch die Geschichte hindurch betont. »Israel« ist ursprünglich der Name des Gottesvolkes in der Bibel. 1 Mose 32 erzählt, dass der Patriarch Jakob mit einem Mann gerungen habe, in dem er schließlich Gott selbst erkannte. Daraufhin habe Gott ihm den Namen »Israel« (zu deutsch: »Gotteskämpfer« oder »Gott kämpft«) beigelegt. Seine zwölf Söhne sind dem biblischen Zeugnis zufolge die Urväter der Stämme Israel. Die biblischen Texte berichten, wie Gott das Volk aus der ägyptischen Knechtschaft in das Land der Verheißung führt. Diese Überlieferung ist grundlegend für das religiöse Selbstverständnis Israels. In ihrem Zentrum steht der Bundesschluss zwischen Gott und seinem Volk am Berg Sinai (2 Mose 19). Dort erhält Israel von Gott die *Tora* als Urkunde dieses Bundes und als Lebensordnung.

Das unter Saul und David gegründete Königtum des ganzen Volkes Israel zerbricht nach dem Tode Salomos (um 926 v. Chr.). Danach führt nur noch der nördliche Teil den Namen »Israel«, während sich der Süden nach dem Namen des Stammes »Juda« benennt. Nach der Vernichtung des Nordreiches Israel durch die Assyrer (722/721 v. Chr.) bleibt das Südreich mit Jerusalem als Hauptstadt übrig. Seit der Zerstörung Jerusalems (587/586 v. Chr.) durch die Babylonier und noch mehr seit der Vertreibung durch die Römer (70 und 135 n. Chr.) lebt das Volk Israel als Minderheit unter anderen Völkern, wobei sich immer mehr die Bezeichnung »Juden« einbürgert.

Der Begriff »Israel« drückt stärker als der Begriff »Juden« die Erwählung des Volkes durch Gott aus. Deshalb hält die religiöse Sprache der jüdischen Schriften – und auch des Neuen Testaments – nachdrücklich am Begriff »Israel« fest. Der Gedanke, dass Gott Israel »erwählt«, erscheint besonders im 5. Buch Mose, in den Königs- und späteren Prophetenbüchern sowie in den Psalmen. Erwählung meint hier keine Bevorzugung und begründet keine politische Sonderstellung. Vielmehr bedeutet sie, dass Gott den so ausgesonderten Menschen aus unverdienter Zuwendung und Treue die Aufgabe anvertraut (5 Mose 7,6-8), seine Zeugen und Mitarbeiter zu sein. Gleichzeitig zielt die Erwählung auf ein konsequentes Halten der Weisung Gottes, der *Tora*, ab. Dadurch unterscheidet sich das erwählte Volk von anderen Völkern, für die die *Tora* keine Lebensordnung darstellt (5 Mose 7,1-5; 14,1-2). Dass diese Erwählung nicht exklusiv ist, zeigen die Stimmen der Propheten. Der »erwählte Gottesknecht« Jakob/Israel (Jes 41,8; 42,1) wird zum »Licht für die Völker« (Jes 42,6) berufen: Er soll Gottes Handeln vor den Völkern bezeugen.

Vor allem in der gottesdienstlichen Sprache haben auch Christinnen und Christen sich immer wieder als »Israel« bezeichnet, weil auch sie sich als Erwählte Gottes verstehen. In den vergangenen Jahrzehnten hat sich jedoch zunehmend die Einsicht durchgesetzt, dass es keine Grundlage im Neuen Testament hat, die Kirche als »neues Israel« darzustellen, die das »alte« Volk Israel ersetzt habe. Gottes Erwählung des Volkes Israel hat Bestand – auch nach dem Kommen Jesu Christi. Mehrere Kirchen haben diese Einsicht in offiziellen Beschlüssen – bis in ihre Grundordnungen hinein – als christliches Bekenntnis entfaltet. »Jeder Gedanke an eine Verwerfung Israels« ist damit unmöglich, wie es auf europäischer Ebene im Jahr 2001 die Leuenberger Kirchengemeinschaft formuliert. (Leuenberger Kirchengemeinschaft: Kirche und Israel, II, 2.4.1.)

Solche Überlegungen sind theologisch begründete Glaubensaussagen von Christinnen und Christen. Sie halten daran fest, dass auch das gegenwärtige Volk Israel in seiner ganzen Vielfalt und trotz aller geschichtlichen Brüche in einer lebendigen Kontinuität mit dem biblischen Israel steht. Sie wollen kein ideales Israel definieren, vielmehr folgt aus ihnen notwendig, dass Christinnen und Christen heute auf das Selbstverständnis von Jüdinnen und Juden hören. In der konkreten Begegnung mit Jüdinnen und Juden wird man feststellen, dass religiös geprägte Juden sich zwar selbst in dieser Kontinuität des erwählten Volkes der Bibel sehen, dass viele säkulare Angehörige des jüdischen Volkes jedoch das Konzept der Erwählung für sich zurückweisen. Sie alle gehören in ihrer Verschiedenheit zum Volk Israel.

> »Die Israeliten sind, denen die Kindschaft gehört und die Herrlichkeit und der Bund und das Gesetz und der Gottesdienst und die Verheißungen.«
> Röm 9,4

Ob auch die kleine Gemeinschaft der »messianischen Juden« in diesen Zusammenhang gehört, wird von jüdischen Autoritäten bestritten. Hintergrund dieser Auseinandersetzung ist der Streit um die so genannte »Judenmission« (vgl. S. 155f.). Das Selbstverständnis dieser Gemeinschaft ist jedoch klar: Aus dem Volk Israel stammend, wollen sie gerade durch ihren Glauben an Jesus Christus voll und ganz Juden sein. So sehen sie sich selbst in einer Kontinuität mit den judenchristlichen Gemeinden des Neuen Testaments. Ihr Dilemma besteht darin, dass nach rabbinischem Verständnis ein Jude, der zum Glauben an Jesus Christus kommt, als abgefallener Jude gilt – während er selbst dagegen in diesem Schritt gerade die Erfüllung seines Jude-Seins sieht.

DAS LAND ISRAEL

Nach jüdischem Selbstverständnis begründet der Bund (vgl. S. 167f.), den Gott mit seinem Volk geschlossen hat, auch die Verheißung des Landes Israel (hebr.: *Erez Jisrael*). Das Land ist der Ort, an dem die Erwählung geschichtlich-konkret werden kann.

»(Dir und) deinen Nachkommen will ich dies Land geben.« So oder ähnlich lautet immer wieder die Zusage Gottes an die Erzväter Abraham, Isaak und Jakob im ersten Buch der Bibel (z. B. 1 Mose 12,7; 15,18; 17,8). Für die Nomaden, von denen in diesen Geschichten die Rede ist, bedeutet eine solche Zusage die Verheißung eines Lebensraums, in dem sie sich aufhalten, Nahrung und Weidegründe finden dürfen. Andere Verheißungen, wie Nachkommenschaft, Segen für Israel und die Völker, Beistand Gottes, Gottes Treue zum Bund, sind damit oft eng verbunden.

Im Zusammenhang mit der Versklavung der Israeliten in Ägypten bekommt die Landverheißung noch eine weitere Dimension. Auf der Grundlage, dass Gott seinem Volk das Land »zugeschworen« hat, wird eine förmliche Landtheologie entwickelt (z. B. 1 Mose 50,24; 5 Mose 1,8; 6,10-23): Die Landverheißung zielt dabei auf Befreiung und Landnahme. Die Eroberung des Landes unter Josua wird als eine erste Erfüllung der Landverheißung verstanden: »Es war alles gekommen.« (Jos 21,45). Es fällt auf, dass diese Perspektive besonders in denjenigen biblischen Schriften entfaltet wird, deren Verfasser selbst Landverlust und die Bedrohung durch Fremdherrschaft erfahren mussten. Auch bei den Propheten im Umfeld des Babylonischen Exils kommt die Landverheißung in diesem Sinne neu in den Blick. Sie erkennen in ihr eine Möglichkeit, durch Gottes Vergebung wieder in das Land der Väter zurückkehren zu dürfen.

Die Grenzen des verheißenen Landes werden in der Bibel immer wieder unterschiedlich bestimmt. Nur selten sind sie zugleich Staatsgrenzen. In ihrer größten Ausdehnung (1 Mose 15,18) repräsentieren sie eine Idealvorstellung des salomonischen Königreiches zu seiner Blütezeit (1 Kön 5,1). Auch die Landnahmegeschichten des Josuabuches geben eher eine bestimmte Interpretation der Geschichte als ihre fakti-

Jüdische Geschichte und Gegenwart

schen Verhältnisse wieder, ähnlich wie die endzeitliche Vision von den Grenzen des Landes beim Propheten Hesekiel (Hes 47,15-20).

Da die Landverheißung an die Treue zum Bund und das Halten der *Tora* geknüpft ist, ist das Land niemals frei verfügbarer Besitz Israels. Gott selbst ist der eigentliche Besitzer des Landes (3 Mose 25,23), das vom Volk lediglich gemäß dem Willen des göttlichen Gebers zu verwalten ist. Geschieht dies nicht, trägt die Landverheißung immer auch die Drohung des Landverlustes in sich. Ein Bruch des durch die *Tora* geregelten Bundes bedeutet nach biblischem Zeugnis Vertilgung aus dem Land (5 Mose 4,26). Das Land kann seine Bewohner gar selbst »ausspeien« (3 Mose 18,28). Manches Mal stellen die biblischen Propheten fest, dass sich Israel der Gabe des Landes nicht als würdig erwiesen hat, da es nicht nach Gottes Geboten als sein Volk gelebt hat (z. B. Am 7,7-10; Mi 2,1-5; Jes 1,19; 5,1-10). In Zeiten des Exils und der Zerstreuung unter die Völker haben gläubige Juden ihr Schicksal immer wieder in diesem Licht zu interpretieren versucht. Aber selbst im Angesicht des Landverlustes bleibt das Angebot der Landverheißung als Hoffnungsgut bestehen und wird nicht hinfällig. Auch im Neuen Testament wird es offenbar als selbstverständlich vorausgesetzt und daher nur am Rande thematisiert: in den Evangelien (z. B. Mt 5,5) und der Apostelgeschichte (7,5) ebenso wie bei Paulus, der »die Verheißungen« als gültig und durch Jesus Christus bestätigt herausstellt, ohne darunter jedoch die Landverheißung besonders hervorzuheben (z. B. Röm 9,4; 15,8; 2 Kor 1,20).

Nachdem die Römer die jüdischen Aufstände in den Jahren 70 und 135 n. Chr. niedergeschlagen haben, weisen sie nicht nur die jüdische Bevölkerung der Stadt Jerusalem aus: Bis in die Namensgebung hinein versucht die römische Besatzungsmacht, die jüdische Beziehung zum Lande Israel zu tilgen. Aus Jerusalem wird die heidnische Stadt Colonia Aelia Capitolina, deren Haupttempel dem Jupiter Capitolinus geweiht ist. Das Land wird jetzt Palästina, »Philisterland«, genannt – in der Erinnerung an die biblischen Gegner Israels. Dennoch haben Jüdinnen und Juden in aller Welt durch die Jahrhunderte hindurch ihre Bindung an das Land Israel wachgehalten: Viele sammeln Spenden für die im Land lebenden Juden – heute für den Staat Israel. Nicht wenige wünschen, dort begraben zu werden. Die Sehnsucht nach Zion begegnet in vielen Gebeten und Gebräuchen. So wird bei der *Pessachfeier* jedes Jahr der Wunsch ausgesprochen: »Nächstes Jahr in Jerusalem.« Diese enge Beziehung zu einem Land, an das sich Gott selbst gebunden hat, »erdet« den jüdischen Glauben in einer Weise, die vielen anderen Religionen unbekannt ist.

Das Halten der *Tora* ist also Voraussetzung dafür, um das verheißene Land von Gott verliehen zu bekommen. Umgekehrt ist nach Ansicht vieler jüdischer Ausleger aber auch das Leben im Lande Israel die Voraussetzung zur Erfüllung sämtlicher in der *Tora* enthaltener Gebote. Verschiedene landwirtschaftliche Gebote lassen sich nach ihrer Auslegung nämlich nur im Lande Israel selbst erfüllen, so beispielsweise das Gebot des Schabbatjahres (3 Mose 25,3-7), des Erlassjahres (3 Mose 25,8-24) und der Abgabe des Zehnten (5 Mose 14,22-29). Eine ganze Ordnung der *Mischna* (vgl. S. 15f.) namens *Seraim*, zu deutsch: »Samen«, befasst sich mit solchen Fragen. Zudem sind die Gegebenheiten im Lande Israel Voraussetzung für die Berechnung des jüdischen Festkalenders (vgl. S. 55f.).

DER STAAT ISRAEL

Am 14. Mai 1948 ruft David Ben-Gurion den Staat Israel (hebr.: *Medinat Jisrael*) aus. Mit seinem Namen und seiner Gründungsurkunde knüpft der Staat ausdrücklich an biblische Traditionen an. Aber auch in den knapp 1.900 Jahren von der Zerstörung Jerusalems durch die Römer (70 n. Chr.) bis zur Gründung des modernen Staates lebten immer Jüdinnen und Juden in dem Land zwischen Mittelmeer und Jordan. Ebenso wie die anderen Bevölkerungsgruppen des Landes machte die - mal kleinere, mal größere - jüdische Gemeinschaft in dieser Zeit die Erfahrung wechselnder Fremdherrschaften.

GESCHICHTE UND GRUNDLAGEN
Die Basis zur Staatsgründung wird durch das jüdische Siedlungswerk gelegt, das seit den 80er-Jahren des 19. Jahrhunderts die Einwanderung nach Palästina fördert. Zur Überlebensfrage für Jüdinnen und Juden wird dieses

Projekt schließlich durch den europäischen Antisemitismus und die Vernichtungspolitik der Nationalsozialisten (vgl. S. 99). Dabei ist die Politik der Regierung Großbritanniens, die nach der Niederlage des Osmanischen Reiches im Ersten Weltkrieg das Völkerbundmandat über Palästina übernommen hat, jedoch nicht immer eindeutig: Einerseits hat die britische Regierung das Streben nach einer jüdischen »nationalen Heimstätte« noch 1917 in der sog. »Balfour-Erklärung« ausdrücklich anerkannt; andererseits schränkt sie seit 1937 die Möglichkeiten einer jüdischen Einwanderung wegen der Unruhen unter der örtlichen arabischen Bevölkerung stark ein. Zudem haben Vertreter Großbritanniens während des Ersten Weltkrieges auch ihren arabischen Verbündeten die Herrschaft über den gesamten Nahen

Gründungsurkunde des Staates Israel

Osten, mit Ausnahme der Gebiete westlich von Damaskus, versprochen. Nach zunehmenden Ausschreitungen im Mandatsgebiet gibt Großbritannien Anfang 1947 das Mandat schließlich an die Vereinten Nationen zurück. Diese beschließen in einer dramatischen Sondersitzung, das Land in zwei Staaten, einen jüdischen und einen arabischen, zu teilen. Jerusalem und Umgebung sollen nach diesem Plan eine internationalisierte Zone werden.

Der Konflikt wird dadurch nicht gelöst: Die arabische Seite lehnt den Teilungsplan ab; nach dem Rückzug der Engländer im Mai 1948 erklären sieben Nachbarstaaten Israel den Krieg. Die Existenz des jungen Staates wird damit gleich nach seiner Ausrufung in Frage gestellt. Am Ende des Waffengangs 1949 hat sich der Staat Israel über seine im UNO-Teilungsbeschluss gezogenen Grenzen hinaus behaupten können, während die verbliebenen Gebiete des vorgesehenen arabischen Staates, nämlich die Westbank und der Gazastreifen, von Jordanien und Ägypten besetzt sind. Jerusalem wird zwischen Israel und Jordanien geteilt.

Etwa 600.000 – 750.000 arabische Palästinenser sind zu Flüchtlingen geworden, nur etwa 150.000 – 160.000 bleiben innerhalb Israels und erhalten später die israelische Staatsbürgerschaft. Was für jüdische Israelis der »Unabhängigkeitskrieg« ist, wird in der palästinensischen Geschichtsschreibung als »die Katastrophe« bezeichnet.

Bis zum Ende des 20. Jahrhunderts folgen vier weitere Kriege zwischen Israel und seinen Nachbarstaaten (1956, 1967, 1973 und 1982), in denen insgesamt über hunderttausend Menschen auf beiden Seiten getötet werden. Dabei kann Israel zusätzliche Landgewinne erzielen. Einige dieser eroberten Gebiete – wie die ägyptische Sinaihalbinsel und weite Landstriche im Libanon – werden später an die jeweiligen Nachbarstaaten zurückgegeben. Mit Ägypten und Jordanien werden Friedensverträge geschlossen. Andere Territorien, nämlich die syrischen Golanhöhen und der bis 1967 von Jordanien besetzte Ostteil Jerusalems, werden von Israel annektiert – was international nicht anerkannt wird. Der größte Teil der im »Sechstagekrieg« von 1967 eroberten Westbank und der Gazastreifen verbleiben in den Folgejahren unter israelischer Militär- und Zivilverwaltung ohne Teil des israelischen Staatsgebietes zu werden. Die palästinensische Bevölkerung dieser Gebiete findet sich dadurch faktisch unter israelischer Militärverwaltung. Seit Anfang der 70er-Jahre kommt es hier zu einer ausgedehnten israelischen Siedlungstätigkeit. Im Rahmen des sog. »Oslo-Prozesses« der 90er-Jahre erhalten die Palästinenser das Recht, in diesen Gebieten eine eigene Autonomiebehörde einzurichten. Als Zwischenschritt zu einer endgültigen Lösung werden in komplizierten Verhandlungen sog. A-, B- und C-Zonen geschaffen, wobei die Buchstaben für den jeweils unterschiedlichen Grad israelischer oder palästinensischer Verwaltung stehen.

Von den heute über sechs Millionen Einwohnern des Staates Israel (ohne Westbank und Gaza) sind ca. 78,5 % Juden. Außerdem leben in Israel derzeit etwa 15 % Muslime, 2,1 % Christen, 1,6 % Drusen und 2,7 % Menschen anderer Religion. Die Bevölkerung des Staates Israel setzt sich also nicht nur aus Angehörigen des Volkes Israel zusammen. Trotzdem hat dieser Staat für viele Jüdinnen und Juden eine Bedeutung, die über die reine Staatsbürgerschaft weit hinausgeht. Für sie ist er ein Ort der Zuflucht, der Selbstbestimmung und der Vergewisserung jüdischer

Identität – gerade vor dem Hindergrund des weltweit immer wieder auftretenden Antisemitismus. Aus diesem Grunde versteht sich Israel auch als jüdischer Staat. Das am 5. Juli 1950 beschlossene »Gesetz der Rückkehr« stellt u.a. fest: »Jeder Jude hat das Recht, in dieses Land einzuwandern ... Ein Jude, der nach Israel kommt und sofort nach seiner Ankunft seinem Verlangen Ausdruck gibt, sich ständig in Israel niederzulassen, erhält die Staatsbürgerschaft.« 1970 wird ergänzt, dass mit »Jude« im Sinne dieses Gesetzes eine Person gemeint sei, »die von einer jüdischen Mutter geboren oder zum Judentum übergetreten ist und nicht einer anderen Religion angehört.« Später wird entschieden, dass die Staatsbürgerschaft auch nichtjüdischen Ehepartnern verliehen wird. »Wer ist ein Jude?«, lautet die grundsätzliche Frage, die im Zusammenhang mit diesem Gesetz durch die Geschichte des Staates Israel hindurch immer wieder diskutiert wird. Insbesondere seit dem Zerfall der Sowjetunion und der damit verbundenen verstärkten Einwanderung aus ihren Nachfolgestaaten wird in der innerisraelischen Diskussion heute wieder die Frage aufgeworfen, wer konkret unter dieses Gesetz fallen solle. Die Integration eines wachsenden Bevölkerungsteils, dessen Judentum aus rabbinischer Sicht zumindest umstritten ist, stellt den Staat Israel vor erhebliche Probleme.

Die Gesetze der parlamentarischen Demokratie in Israel gewähren auch den nichtjüdischen Bevölkerungsgruppen Religionsfreiheit und bürgerliche Gleichberechtigung. Faktisch jedoch steht ein Großteil an beruflichen Möglichkeiten nur denjenigen offen, die in der israelischen Armee Dienst getan haben. Israelische Araber christlichen und muslimischen Glaubens, für die die allgemeine Wehrpflicht nicht gilt, sind oft gespalten zwischen ihrer Zugehörigkeit zum palästinensischen Volk und ihrer israelischen Staatsbürgerschaft. Nicht wenige von ihnen empfinden sich in Israel als »Bürger zweiter Klasse«. Die meisten Angehörigen der kleinen Religionsgemeinschaft der Drusen dagegen bekunden offen ihre Loyalität zum Staat Israel.

ZIONISMUS
Ohne die zionistische Bewegung wäre die Gründung des Staates Israel unmöglich gewesen. Vor dem Hintergrund des europäischen Antisemitismus sind es zwei Quellen, aus denen der Zionismus seine Kraft ge-

winnt: die religiöse Zionssehnsucht vieler Jüdinnen und Juden und das europaweite Erwachen des Nationalgedankens im 19. Jahrhundert.

Erstens: Seit dem Babylonischen Exil weiter Teile des Volkes Israel im 6. Jahrhundert v. Chr. wird »Zion« zum Inbegriff der jüdischen Sehnsucht nach Rückkehr in das verheißene Land. »An den Wassern zu Babel saßen wir und weinten, wenn wir Zions gedachten«, heißt es im 137. Psalm. Der Name leitet sich von dem Berg Zion ab, einem Hügel in Jerusalem, der seine besondere Bedeutung dadurch bekam, dass König David Jerusalem zu seiner Hauptstadt und zum Mittelpunkt Israels machte. Besonders stark wird die Zionssehnsucht mit der Zerstreuung des jüdischen Volkes über die ganze Welt seit 70 und 135 n. Chr.

Die drei zionistischen Führer: Nordau, Herzl, Mandelstamm. Der Bauer und die Tempelmauer symbolisieren die zwei Bestrebungen des Zionismus.

Zweitens: Zwar führt der von der Französischen Revolution ausgehende Geist des Liberalismus dazu, dass Juden in vielen Ländern Europas nach und nach volle staatsbürgerliche Rechte erhalten (»Emanzipation«). Diese Rechte betreffen sie jedoch nur als Einzelpersonen, nicht aber als Volk. So kommt es, dass viele von ihnen ihre jüdische Tradition völlig oder teilweise aufgeben, um sich der europäischen Kultur und Gesellschaft anzupassen (»Akkulturation«; traditionell als »Assimilation« bezeichnet). Sie verstehen ihr Judentum als eine an kein bestimmtes Land gebundene Religion. Die Lage verändert sich jedoch grundlegend mit dem Erstarken des modernen Antisemitismus gegen Ende des 19. Jahrhunderts. In Frankreich findet diese Entwicklung in der sog. »Dreyfuss-Affäre« 1894 einen besonders heftigen Ausdruck. In weiten Teilen Osteuropas hat die Emanzipation zu dieser Zeit noch nicht einmal begonnen: Hier leben Millionen von Juden unter menschenunwürdigen Umständen. In Russland kommt es ab den 80er-Jahren des 19. Jahrhunderts zu einer Welle antisemitischer Gesetze, Vertreibungen und Pogromen. Es verwundert nicht, dass viele Juden sich in dieser Situation auf dasjenige politische Modell besinnen, welches kurz zuvor beispielsweise die Einigung Deutschlands oder Italiens ermöglicht hat: Die Errichtung eines eigenen Nationalstaates erscheint ihnen als Möglichkeit, das Schicksal in die eigene Hand zu nehmen. Mit der traditionellen Bindung an das Land Israel und der Wiederbesinnung darauf, dass das Judentum nicht nur eine Religion, sondern ein Volk bzw. eine Nation darstellt, sind wesentliche Voraussetzungen zur Aufnahme des Nationalgedankens gegeben.

Theodor Herzl (1860–1904), ein jüdischer Schriftsteller und Journalist aus Wien, gilt neben dem Schriftsteller Moses Hess und dem Arzt Leo Pinsker als »Vater« des Zionismus. Er schreibt das grundlegende Buch »Der Judenstaat« (1896) und beruft in Basel den ersten Zionistischen Weltkongress (1897) ein, auf dem die Zionistische Bewegung gegründet wird. Außerdem wendet er sich immer wieder an die politischen Institutionen der damaligen Zeit, um Land zu erhalten, auf dem das zionistische Projekt verwirklicht werden kann.

Die zionistische Bewegung stellt keine einheitliche Größe dar. So strebt der »Kultur-Zionismus« die Einigung des Volkes Israel durch einen gemeinsamen geistig-kulturellen Mittelpunkt an. Im Gegensatz dazu besteht das vorrangige Ziel des »Arbeiter-Zionismus« darin, ein jüdisches Gemeinwesen durch Aufbau und kontinuierliche Entwicklung des Landes Israel zu errichten. Bereits um 1925 spaltet sich von der Zionistischen Organisation die Gruppe der »Revisionisten« ab. Diese sehen in der Unabhängigkeit des Staates Transjordanien (1921/22) auf dem Territorium des britischen Mandatsgebietes Palästina einen Verrat an den Zusagen der »Balfour-Erklärung«. Der »religiöse Zionismus« schließlich, zu Beginn eine kleinere Gruppe, wird in der zweiten Hälfte des 20. Jahrhunderts zu einem wichtigen politischen Faktor im israelischen Parteienspektrum und eine der treibenden Kräfte bei der jüdischen Besiedlung der 1967 eroberten Gebiete.

In der Zeit von 1882 bis zur Gründung des Staates Israel kommt es zu fünf jüdischen Einwanderungswellen nach Palästina. Ein großer Teil der ersten Einwanderer stammt aus dem osteuropäischen Raum: beispielsweise aus Russland, Polen, Rumänien und Galizien. Die zionistische Bewegung gründet viele Genossenschaftssiedlungen (»Kibbuzim«, Plural von »Kibbuz«), 1909 Tel Aviv als erste moderne jüdische Stadt sowie verschiedenste Bildungseinrichtungen im ganzen Land, so 1925 die Hebräische Universität in Jerusalem.

DER KONFLIKT ZWEIER NATIONALBEWEGUNGEN UND DER STREIT UM DAS LAND

In der Anfangszeit der zionistischen Bewegung kommt es zu keinen nennenswerten Schwierigkeiten zwischen den jüdischen Neueinwanderern und der alteingesessenen arabischen Bevölkerung in Palästina. Es gibt die Hoffnung, dass von dem erwarteten wirtschaftlichen Aufschwung beide Seiten profitieren würden – hatten doch bislang vor allem die feudalen Strukturen unter der osmanischen Herrschaft eine wirkliche Entwicklung verhindert. Nach dem Ersten Weltkrieg kommt es jedoch zunehmend zum Interessenkonflikt, der sich schließlich zu den arabischen Unruhen in den Jahren 1936–1938 steigert. Da die britischen Mandatsbehörden in der Folge die Einwanderungsmöglichkeiten stark einschränken, organisiert die zionistische Bewegung nach der Befreiung der Konzentrationslager am Ende des Zweiten Weltkrieges die »illegale« Einwanderung nach Palästina. Auch nach der Gründung des Staates Israel bleibt der Zionismus offizielles Programm der verschiedenen israelischen Regierungen sowie Konsens weiter Teile der jüdischen Bevölkerung des Staates.

Die Tragik des Konflikts zwischen Israelis und Palästinensern liegt darin, dass hier zwei Nationalbewegungen aufeinanderstoßen, die beide dasselbe Land als Heimat ihres jeweiligen Volkes verstehen: Im Gegenüber zum Zionismus bildet sich auch die palästinensische Nationalbewegung heraus. Unter den arabischen Palästinensern verbreitet sich der Eindruck, eine Gruppe fremder, europäischer Eroberer sei gekommen, um den rechtmäßigen Besitzern das Land zu nehmen und sie zu vertreiben. Viele von denen, die nach 1948 zu Flüchtlingen werden, bleiben den Orten ihrer Herkunft über die Jahrzehnte hinweg bis in die Gegenwart verbunden. So erinnern sie daran, dass dieses Land auch vor der zionistischen Besiedlung niemals menschenleer war. 1964 wird

auf der Arabischen Gipfelkonferenz die Palästinensische Befreiungs-
organisation PLO gegründet und fortan von arabischer Seite zur legiti-
men Vertretung der Palästinenser erklärt. Auch in der palästinensischen
Autonomiebehörde seit 1994 ist die PLO maßgebliche Kraft geblieben.
Die – angesichts von heute mehreren Millionen Palästinensern in der
weltweiten Diaspora – fast unlösbare Frage eines palästinensischen Rück-
kehrrechtes wird bei Friedensverhandlungen seit den 1990er-Jahren
von den arabischen Delegationen immer wieder auf den Tisch gebracht.

Die Auseinandersetzung zwischen der jüdischen und der palästinensischen Nationalbewegung um dasselbe Land wird jahrzehntelang mit militärischen wie mit diplomatischen Mit-
teln geführt und hinterlässt auf beiden
Seiten tiefe Verwundungen. Ein Tief-
punkt ist beispielsweise erreicht, als
1975 die Vollversammlung der Vereinten Nationen auf Betreiben der ara-
bischen Staaten und mit Unterstützung des Ostblocks den Zionismus als
»eine Form von Rassismus« verurteilt. Obwohl diese Verurteilung 1991
offiziell wieder aufgehoben wird, bestärkt sie viele Israelis in dem Eindruck,
dass die Vereinten Nationen grundsätzlich israelkritisch eingestellt seien. Sie
ist vor allem deswegen für die jüdische Seite so verletzend, weil der Zionismus historisch gerade als Gegenbewegung zum antisemitischen Rassismus
entstanden ist. Sachlich ist die Gleichsetzung von Zionismus und Rassismus
falsch, weil sich das Volk Israel eben nicht biologisch über eine »Rasse«
definiert. Die Verurteilung benennt außerdem nicht, welche Richtung des
Zionismus sie meint. Ihre Verfechter verweisen immer wieder darauf, dass
die Verurteilung des Zionismus gerade nicht das Judentum als Religion treffen soll. Sie übersehen dabei jedoch, dass für viele jüdische Menschen die
Bindung an das Land zu ihrer Religion elementar dazugehört.

Das biblisch-theologische Konzept des verheißenen Landes vermag
keine abschließende Antwort auf die Frage zu geben, welche der einander widerstreitenden politischen Ansprüche im Nahen Osten rechtmä-
ßig sind. So sind auch Jüdinnen und Juden unterschiedlicher Ansicht
darüber, ob die Gründung des Staates Israel eine Erfüllung biblischer Land-
verheißungen ist. Einige befürworten eine solche Sicht, andere – beson-

> »Dies ist unser Land; es ist ihr Land. Recht
> prallt mit Recht zusammen. ›Ein freies Volk
> in unserem eigenen Land zu sein‹ ist ein
> Recht, das universale oder gar keine Gül-
> tigkeit hat.« Amos Oz, israelischer Schriftsteller

ders aus dem streng religiösen und aus dem säkularen Spektrum – lehnen sie ab. Viele Christinnen und Christen auf der ganzen Welt erkennen in der Gründung dieses Staates zumindest ein »Zeichen« dafür, dass Gottes Geschichte mit seinem Volk Israel nicht zu Ende ist. Palästinensische Christinnen und Christen stehen zu solchen Überlegungen oftmals kritisch. Sie mahnen an, den Kontext einer theologischen Aussage ernst zu nehmen. Nicht für alle Christinnen und Christen könne ein geschichtliches Ereignis in gleicher Weise ein »Zeichen« sein. So sorgen sich die einheimischen Christinnen und Christen des Nahen und Mittleren Ostens als immer weiter abnehmende Minderheit vor allem um den Fortbestand ihrer Gemeinden in der Ursprungsregion des Christentums. Sie suchen nach »Zeichen« dafür, dass sie hier selbst eine Zukunft haben und entwerfen aus diesem Grund ganz eigene Modelle des jüdisch-christlich-muslimischen Miteinanders in ihrer Region.

Israel und Palästina – die beiden Begriffe stehen auch für den Streit um das Land. Bis vor einigen Jahren konnte die Rede von »Palästina« unter europäischen Christen noch Ausdruck einer kolonialen Sicht sein, welche die Existenz des Staates Israel schlicht nicht zur Kenntnis nimmt. Inzwischen ist hier jedoch ein Wandel zu verzeichnen. Wer heute von »Israel und Palästina« oder von »Israel/Palästina« spricht, möchte damit deutlich machen, dass er die Realität zweier Völker in demselben Land anerkennt: Beide haben ihre jeweils eigene Nationalbewegung hervorgebracht, die sich über den einen oder den anderen Landesnamen identifiziert. Auch wenn es einen unabhängigen Staat »Palästina« in der Geschichte bisher nicht gegeben hat, so möchten doch die, die diesen Begriff wählen, ihre Überzeugung ausdrücken, dass keine der beiden Nationalbewegungen ihre Identität auf Dauer durch die Verdrängung der jeweils anderen wird begründen können. »Palästina« ist heute weniger der alte römische, antiisraelische Kampfname als vielmehr eine eigenständige Realität neben Israel, dessen Schicksal eng mit dem Israels verbunden ist.

KRITISCHE STIMMEN

War in der israelischen Gesellschaft bis 1987 vielfach der Eindruck verbreitet, dass sich die palästinensische Bevölkerung der Westbank und
des Gazastreifens auf Dauer mit der israelischen Besatzung arrangieren
würde, so zeigte die erste »Intifada«, der Palästinenseraufstand der Jahre
1987-1993, eine andere Realität: Die Bilder von einer Konfrontation
zwischen Steine werfen-
den palästinensischen Kindern und bewaffneten is-
raelischen Soldaten er-
schütterten nicht nur die
weltweite Öffentlichkeit,
sondern auch viele Israe-
lis. Hinzu kam, dass auch
der in den 90er-Jahren be-
gonnene Friedensprozess
keine wirkliche Lösung
brachte: Die Einteilung
der Westbank und des
Gazastreifens in Zonen un-

*Beduinische und jüdische Kinder bei der »Aufführung
über den Frieden« in Neve Hanna, Israel*

terschiedlicher palästinensischer und israelischer Kontrolle sowie die
damit einhergehende Errichtung neuer Checkpoints und israelischer Um-
gehungsstraßen wurde von der palästinensischen Bevölkerung als weitere Einschränkung ihrer Bewegungsfreiheit erfahren. Palästinenserinnen und Palästinenser nahmen wahr, dass der Bau jüdischer Siedlungen
in diesen Gebieten nie wirklich gestoppt wurde. Auf der anderen Seite
entstand eine neue Qualität der Gewalt dadurch, dass einzelne palästinensische Selbstmordattentäter Tod, Leid und Angst in immer kürze-
ren zeitlichen Abständen weit in die israelische Zivilbevölkerung hin-
eintrugen.

Schließlich herrschte auf beiden Seiten eine große Enttäuschung.
Weder die Israelis, die von dem Friedensprozess mehr Sicherheit erhofft hatten, noch die Palästinenser, die einen eigenen Staat und eine
Verbesserung der wirtschaftlichen Situation angestrebt hatten, waren
ihrem Ziel wirklich näher gekommen. So brach im September 2000 die

zweite, diesmal wesentlich blutigere, »Intifada« aus, die zeitweilig kriegsartige Züge annahm. Immer lauter wurden auf israelischer Seite die Stimmen, die eine physische Trennung von den Palästinensern forderten. Die Mauern und Zäune, die daraufhin errichtet wurden, bedeuteten für Palästinenserinnen und Palästinenser über den Landverbrauch hinaus letztlich eine weitere Abriegelung ihrer Bevölkerungszentren.

Noch vor der zweiten Intifada machte sich innerhalb Israels eine Gruppe der »post-zionistischen« so genannten »Neuen Historiker« daran, wesentliche Teile der Geschichtsschreibung ihres Staates zu hinterfragen. So forderten sie, stärker als bisher die palästinensische Perspektive in dieser Geschichtsschreibung wahrzunehmen. Außerdem verwiesen sie auf die Verantwortung der jüdischen Gemeinschaft in Israel für das palästinensische Flüchtlingsproblem. Solche Überlegungen hatten Auswirkungen bis hinein in die Friedensverhandlungen. Gleichzeitig wurden jedoch große Teile der israelischen Bevölkerung dadurch verunsichert. Gerade in Situationen, die von ihnen als Bedrohung der eigenen Existenz wahrgenommen werden, greifen viele wieder zurück auf eine weniger selbstkritische Deutung der eigenen Geschichte und Gegenwart.

Blick vom Ölberg auf das Gebiet des ehemaligen Tempelplatzes mit der Al Aksa Moschee und der Felsendom-Mosche, im Vordergrund ein jüdischer Friedhof

JERUSALEM

Wer sich Jerusalem wie die Pilger früherer Zeiten von Osten nähert und vom Ölberg einen ersten Blick auf die von hohen Mauern umgebene Altstadt wirft, merkt, wie eng Judentum, Christentum und Islam hier räumlich miteinander verwoben sind. Angehörige der drei Religionen teilen hier eine lange und leidvolle Geschichte miteinander.

Zunächst fallen die »heiligen Stätten« ins Auge. Die Altstadt wird dominiert von der Esplanade des »Tempelberges« (arab.: haram ash-sharif, »vornehmer Bezirk«). Hier erhebt sich seit 691 n. Chr. die vergoldete Kuppel des muslimischen Felsendoms, genau gegenüber befindet sich die Al-Aqsa-Moschee. Auf demselben Areal stand einst der jüdische Tempel, der zweimal, in den Jahren 586 v. Chr. und 70 n. Chr., zerstört wurde. Bereits zuvor war dies der Ort eines Heiligtums des kanaanäischen Volkes der Jebusiter, und auch die Römer errichteten hier ein Jupiter-Heiligtum. Die westliche Stützmauer dieses Areals, von

Die Westmauer des ehemaligen Tempels, die sogenannte Klagemauer, im Hintergrund die goldene Kuppel der Felsendom-Moschee

Christen oft »Klagemauer«, richtiger jedoch einfach »Westmauer«, genannt, ist der letzte große und erkennbare Überrest des ehemaligen herodianischen Tempelbezirks.

Sie ist ein zentraler Ort des jüdischen Gebets, vor dem nach 1967 eine weitläufige Plaza angelegt wurde. Nicht weit davon findet sich ein weiterer großer Kuppelbau, die wichtigste heilige Stätte der Christen in der Jerusalemer Altstadt: die Grabeskirche oder, wie orientalische Christen sagen, die Anastasis, Auferstehungskirche. Sie umschließt der Überlieferung zufolge die Orte der Kreuzigung, Grablegung und Auferstehung Jesu Christi. Im engeren und weiteren Umkreis finden sich unzählige weitere Stätten, mit deren Errichtung Juden, Christen und Muslime Zeugnis für ihren Glauben an Gott abgelegt haben. Die historische Altstadt ist unterteilt in das muslimische, das christliche und das jüdische Viertel sowie das Viertel der ebenfalls christlichen Armenier. Hier wie außerhalb der Altstadtmauern finden sich zahlreiche Synagogen, Kirchen, Moscheen und Orte des religiösen Lernens. Von der Altstadt durch das Kidrontal zum Ölberg hinauf erstrecken sich schließlich weitflächige Gräberfelder von Juden und Muslimen.

Die Dichte solcher Orte ist einzigartig für Jerusalem. Was hier den einen eine »heilige Stätte« ist, war oftmals irgendwann in der Geschichte auch heilige Stätte für eine andere Gemeinschaft. Welche Bevölkerungsgruppe im Großraum Jerusalem welchen Platz einnehmen darf, ist daher bis heute nicht allein eine städtebauliche, sondern vor allem auch eine brisant-politische Frage. Wer die Stadt besucht, sollte daher nicht allein die Stätten der jeweils eigenen Religionsgemeinschaft sehen, sondern vor allem auch die Begegnung mit Angehörigen der unterschiedlichsten Bevölkerungsgruppen, den »lebendigen Steinen« Jerusalems,

Füßgängerzone in Jerusalem

suchen. In einer solchen Begegnung werden sich ganz verschiedene Perspektiven auftun:

Für Jüdinnen und Juden erhielt die Stadt Jerusalem ihre Bedeutung dadurch, dass König David sie gut 1000 v. Chr. eroberte, zu seiner Hauptstadt machte und die israelitischen Stämme hier miteinander vereinte. Die Ausrichtung des jüdischen Glaubens hat seitdem einen konkreten Ort auf der Erde, an dem sich Gott und Mensch begegnen: Der Tempel wurde zum Zentrum der drei jährlichen Wallfahrtsfeste (vgl. S. 56ff.) und zum Ziel jüdischer Rückkehr- und Erlösungshoffnungen in Zeiten des Exils. In Phasen des Elends entwickelte sich das Bild eines »neuen Jerusalem«, einer Stadt, in der Recht und Gerechtigkeit herrschen. Je

Jüdische Geschichte und Gegenwart

unerreichbarer das irdische Jerusalem im Laufe der Geschichte für Juden wurde, umso mehr wurde dieses Bild im jüdischen Schrifttum ausgeschmückt zum »himmlischen Jerusalem« – einer Realität, die Gott selbst schenken wird. Durch die Eroberung der Altstadt Jerusalems durch israelisches Militär im Jahr 1967 wurden die Heiligen Stätten schließlich auch für Jüdinnen und Juden wieder erreichbar. Dies bedeutete einen tiefen, emotionalen Einschnitt. Seither begehen Israelis jedes Jahr im Mai/Juni den »Jerusalemtag«. Obwohl nur noch kleine, extreme Randgruppen im Judentum eine Wiedererrichtung des Tempels von Menschenhand planen, ist die Frage der Kontrolle des Tempelberges bis heute immer wieder Quelle von Konflikten. Die Bedeutung der Stadt lässt sich jedoch nicht allein auf ihre religiöse Funktion begrenzen: Auch für eine große Zahl säkularer Jüdinnen und Juden ist Jerusalem ein Zentrum ihrer Kultur und Tradition.

Eine Bedeutung für Christinnen und Christen hat Jerusalem vor allem dadurch, dass Jesus Christus hier als Jude wirkte und starb. Zu allen Zeiten sind Christen nach Jerusalem gepilgert, um den Wurzeln des eigenen Glaubens nachzuspüren; bereits antike Pilgerberichte legen darüber ein lebendiges Zeugnis ab. Einerseits haben Christen die Vorstellung des »himmlischen Jerusalem« vom Judentum aufgenommen und zum eigentlichen Ziel ihres spirituellen Pilgerweges weiterentwickelt (vgl. Offb 21). Andererseits mag sich auch ein Stück christlicher Über-

Eingang zur Grabeskirche in Jerusalem

nahme der jüdischen Verbundenheit zu einem konkreten Stück Erde darin widerspiegeln, dass die Grabes- oder Auferstehungskirche in einem zähen Ringen räumlich zwischen den verschiedenen christlichen Kirchen des Mittelmeergebietes aufgeteilt wurde. Christinnen und Christen erinnern sich daran, dass in Jerusalem die erste christliche Gemeinde entstand, deren besondere Bedeutung für die ganze Christenheit schon der Apostel Paulus durch seine Kollekte für Jerusalem bezeugt (1 Kor

16,1-4; 2 Kor 8). Die heutigen palästinensischen Christinnen und Christen in der Region sehen sich als Ortskirche in einer ununterbrochenen Tradition mit dieser ersten Gemeinde, die nach den jüdischen Aufständen 70/135 n. Chr. von einer judenchristlichen zu einer fast heidenchristlichen Gemeinschaft geworden war. Die lokale Kirche in Jerusalem ist

Die Felsendom-Moschee auf dem ehemaligen Tempelplatz in Jerusalem

in ihren Augen »Mutterkirche« bzw. »Mutter der Kirchen«. Mit der Aufnahme dieses alten Ehrentitels appellieren sie an ihre Glaubensgeschwister aus aller Welt, die christlichen Gemeinden, die sich um die »Heiligen Stätten« versammeln, ebenso wahrzunehmen wie diese Stätten selbst: sie zu besuchen und ihren spirituellen Reichtum ebenso zu teilen wie ihre Not als immer weiter schwindende Minderheit.

Die Bedeutung Jerusalems für Musliminnen und Muslime wird von diesen bereits auf den Propheten Mohammed selbst zurückgeführt. Für sie ist Jerusalem daher »Al-Quds«, »die Heilige«. Zwar wird der Name »Jerusalem« im Koran nicht erwähnt. Dennoch ist ersichtlich, dass Mohammed vertraut war mit der jüdisch-christlichen Tradition von Jerusalem als einem Ort, wo der Himmel in besonderer Weise erreichbar sei. In diesem Licht interpretierte er seine eigenen spirituellen Erfahrungen: Hier ist das Ziel seiner »Nachtreise« und der Ausgangspunkt seiner »Himmelsreise«. Die Tradition berichtet, dass er hier Abraham, Mose und Jesus inmitten anderer Propheten traf und dass er als Vorbeter mit ihnen betete. In der Anfangszeit des Islam richteten sich gläubige Muslime daher zum Gebet nach Jerusalem aus (»erste Qibla«); erst später wurde Mekka als Gebetsrichtung eingeführt. Noch heute hat die Moschee des Propheten in Medina neben der Gebetsnische, die nach Mekka zeigt, eine weitere, die nach Jerusalem ausgerichtet ist – in Erinnerung an den Wechsel der Gebetsrichtung, der dort stattgefunden hat. Bis zur Gegenwart gilt Jerusalem unter Muslimen als drittheiligste Stätte nach Mekka und Medina.

Keine der drei Religionsgemeinschaften kann also auf Jerusalem verzichten. Ein positives Zeichen sind daher die verschiedenen interreligiösen Dialoginitiativen, die während der vergangenen Jahre im Großraum Jerusalem entstanden sind. In den konkreten Begegnungen zeigen sich Gemeinsamkeiten in den jeweiligen Traditionen, die die Angehörigen dieser Gemeinschaften miteinander teilen können. Aber auch die Zertrennung wird hier schmerzhaft deutlich. Jerusalem ist eine Stadt, durch die bis heute geistig und kulturell viele Teilungslinien hindurchlaufen. Dennoch ist es für Besucherinnen und Besucher dieser Stadt punktuell immer wieder möglich, diese Trennungslinien zu überwinden: dann nämlich, wenn es ihnen gelingt, nicht nur »ihr« jeweiliges Jerusalem wahrzunehmen, sondern sich auch auf die Erfahrung von Fremdheit und auf eine gelebte Begegnung mit den anderen einzulassen.

Teil III

Christen und Juden – Juden und Christen

Die Begegnung von Christen und Juden

DIE JÜDISCHE WAHRNEHMUNG DES CHRISTENTUMS

Für Juden war und ist es nicht ungewöhnlich, ihr Leben zu leben, die eigene Religion zu studieren und zu praktizieren, ohne je Interesse am Christentum zu zeigen. Aus religiöser Sicht ist es für Juden nicht notwendig, sich mit dem Christentum zu beschäftigen. Anders sieht dies jedoch aus sozialer und politischer Perspektive aus. »Mehr als ein Jahrtausend lang konnte ... kein europäischer Jude folgender Frage ausweichen: Wie kann ich als Mitglied einer schutzlosen und häufig verachteten Minderheit in einer christlichen Gesellschaft überleben, die von Gesetzen und Prinzipien bestimmt ist, die aus der christlichen Lehre abgeleitet wurden?«[1]

Die Bewertung des Christentums aus jüdischer Perspektive reicht von einer negativen bis zu einer positiven Sichtweise. Die negative Sicht beurteilt das Christentum als Götzendienst, da es sich – aus dieser Perspektive – nicht um einen Monotheismus handelt. Die positive Sichtweise sieht in ihm eine Religion, durch die der Wille Gottes unter den Völkern der Welt verbreitet wird.

Bei der Bewertung des Christentums spielt das Verhalten der Kirchen und ihrer Mitglieder während des Holocausts eine wichtige Rolle. Das Versagen der Kirchen wird oft als ein Versagen der christlichen Religion gesehen. Eine weitere Rolle bei der Wahrnehmung des Christentums spielt auch jahrhundertelange christliche Judenfeindschaft, die »Lehre der Verachtung«.

Jüdische Reaktionen auf den Wunsch nach Begegnung oder Dialog reichen von Neugier und der Überzeugung, dass eine Begegnung zwischen den beiden Religionen notwendig sei, über Desinteresse bis hin zu Ablehnung. Zu den skeptischen Stimmen zählt der Stuttgarter Rabbiner Joel Berger. Neben anderen Argumenten ist es vor allem die Mission, die von manchen Christen unter den osteuropäischen jüdischen Zuwanderern betrieben wird, die ihn einen Dialog ablehnen lässt. Berger sieht in dieser Mission das Ausnutzen einer Notlage: »Und jetzt kommen die ›wohlmeinenden‹ christlichen Missionare und versprechen diesen armseligen, im Elend eines Lagers hausenden Menschen Jobs und Wohnungen, ›wenn ihr nur in unsere Gemeinschaft kommt, denn wir sind die echten Juden.‹ ... vor diesem Hintergrund kann es keinen Dialog geben.«[2]

Belastend ist auch, dass manche Christen den Dialog suchen, um den verlorenen Zugang zur eigenen Tradition wieder zu finden. Berger schreibt: »Ich wurde ... oft gerufen, um aus jüdischer Sicht über die Bedeutung des *Schabbat* zu sprechen. Dabei kam ich mir allerdings nicht selten als Katalysator vor, der eingesetzt wurde, um Christen die Bedeutung des christlichen Sonntags, die ihnen abhanden gekommen war, wieder ›heimzuholen‹. ... Wir sind dazu nicht imstande, weder von der Anzahl noch von der Qualität her. Wir benötigen den andern. Aber wir können für die Kirchen nicht das sichern, was zu sichern sie selbst nicht imstande sind.«[3] Aber auch diejenigen, die dem religiösen Gespräch gegenüber skeptisch sind, treten oft für gemeinsame soziale Aktivitäten ein.

Der jüdische Religionsphilosoph Abraham Joshua Heschel (1907 – 1972) ist ein differenzierter Befürworter des Dialogs der beiden Religionen. Die Religionen, so Heschels Überzeugung, müssten zusammenstehen, um der Herausforderung des Säkularismus zu begegnen. Dennoch benennt Heschel deutlich die Probleme, die aus der Geschichte erwachsen: »Wir sind Erben einer langen Geschichte von gegenseitiger Verachtung unter den Religionen und Konfessionen, von religiösem Zwang, Streit und Verfolgung...«[4] Er beschreibt die Unterschiede beider Religionen und weist auf das Verbindende und gemeinsame Aufgaben hin: »Wir stimmen nicht überein in Fragen des Gesetzes und des Bekenntnisses, in Überzeugungen, die den eigentlichen Kern unserer religiösen Existenz ausmachen. Wir sagen in einigen Lehrsätzen, die für uns wesentlich und heilig sind, »nein« zueinander... Es gibt in der Tat einen tiefen Abgrund zwischen Christen und Juden, z. B. in der Frage der Göttlichkeit und Messianität Jesu. Aber über den Abgrund hinweg können wir einander die Hände entgegenstrecken. ...

Über die gegenseitige Achtung hinaus müssen wir zugeben, dass wir einander zu Dank verpflichtet sind. Es ist unsere Pflicht, daran zu denken, dass es die Kirche war, die den Gott Abrahams zu den Heiden gebracht hat. Es war die Kirche, die die Hebräische Bibel der Menschheit zugänglich machte. Das müssen wir Juden dankbaren Herzens anerkennen.«[5]

Im September 2000 erscheint in den USA eine jüdische Stellungnahme zum christlich-jüdischen Dialog: *Dabru Emet* (Redet wahr!). Sie ist von mehr als 200 Rabbinerinnen und Rabbinern, jüdischen Wissenschaftlerinnen und Wissenschaftlern unterzeichnet worden. Sie erkennen die Veränderungen, die sich in den vergangenen Jahrzehnten in den christlichen Kirchen vollzogen haben, an. »In den Jahrzehnten nach dem Holocaust hat sich die Christenheit ... dramatisch verändert. Eine wachsende Zahl kirchlicher Gremien, unter ihnen sowohl römisch-katholische als auch protestantische, haben in öffentlichen Stellungnahmen ihre Reue über die christliche Misshandlung von Juden und Judentum ausgedrückt. Diese Stellungnahmen haben zudem erklärt, dass christliche Lehre und Predigt reformiert werden können und müssen, um den unverändert gültigen Bund Gottes mit dem jüdischen Volk anzuerkennen und den Beitrag des Judentums zur Weltkultur und zum christlichen Glauben selbst zu würdigen.«[6]

> »In den Jahrzehnten nach dem Holocaust hat sich die Christenheit dramatisch verändert.«
> Dabru Emet

Die Erklärung benennt acht grundlegende Punkte:

- Juden und Christen beten den gleichen Gott an.
- Juden und Christen stützen sich auf die Autorität ein und desselben Buches – die Bibel (das die Juden »*Tenach*« und die Christen das »Alte Testament« nennen).
- Christen können den Anspruch des jüdischen Volkes auf das Land Israel respektieren.
- Juden und Christen erkennen die moralischen Prinzipien der *Tora* an.
- Der Nazismus war kein christliches Phänomen.
- Der nach menschlichem Ermessen unüberwindbare Unterschied zwischen Juden und Christen wird nicht eher ausgeräumt werden, bis Gott die gesamte Welt erlösen wird, wie es die Schrift prophezeit.
- Ein neues Verhältnis zwischen Juden und Christen wird die jüdische Praxis nicht schwächen.

- Juden und Christen müssen sich gemeinsam für Gerechtigkeit und Frieden einsetzen.

Die Erklärung versteht sich als einen Auftakt zu einer neuen Diskussion. Zu ihrer Einordnung ist es wichtig, sich den amerikanischen Zusammenhang vor Augen zu führen. In den USA gibt es bereits seit den 20er-Jahren des letzten Jahrhunderts Bemühungen um ein geschwisterliches Verhältnis beider Religionen zueinander.

DAS TRADITIONELLE KIRCHLICHE BILD
VOM JUDENTUM

Von Anfang an ist das Christentum herausgefordert, sich in eine Beziehung zum Judentum zu setzen. Die ersten Anhängerinnen und Anhänger Jesu sind Juden wie er selber auch. Sie deuten die Botschaft Jesu im Rahmen der jüdischen Tradition. Die Botschaft Jesu, das Evangelium, spricht auch Nichtjuden an, sie bekehren sich zum Glauben an den Gott Israels und den Messias Jesus. Von ihnen wird nicht verlangt, sich beschneiden zu lassen und die jüdischen Speisevorschriften zu halten, augenfällige Zeichen jüdischer Identität. Da die messiasgläubigen Nichtjuden mit ihrem Glauben an Jesus nicht zugleich Juden wurden, entsteht eine neue Religion: das Christentum.

Die Auseinandersetzung um das Messias-Sein Jesu, die zunächst eine innerjüdische Diskussion ist, wird zu einem Streit um die Wahrheit zwischen zwei Religionen. Jede Religion behauptet, allein die göttliche Wahrheit zu besitzen. Das Christentum meint, das »wahre Israel« zu sein und die Verheißungen Gottes geerbt zu haben. Dem jüdischen Volk und der jüdischen Religion wird Wahrheit abgesprochen. Der Streit um die Wahrheit wird ungleichgewichtig, als das Christentum Staatsreligion wird. Zwar werden das jüdische Volk und seine Religion geduldet und es gibt Zeiten friedvollen Miteinanders. Aber immer wieder sind Juden und ihre Religion Erniedrigungen und Demütigungen bis hin zu Verfolgung, Ausweisung und Ermordung ausgeliefert.

Dieses Gemälde zeigt die alte – das Judentum herabsetzende – Verhältnisbestimmung von Kirche und Judentum. In der Mitte steht das Kreuz, links und rechts von ihm befinden sich als symbolische Darstellungen *Ecclesia* und *Synagoga*, Kirche und Judentum. Der linke Arm, der aus dem Kreuz kommt, krönt die *Ecclesia*, die Kirche. Ihr gehört die Wahrheit, sie ist die geliebte Tochter, so kann man es deuten. Der rechte Arm des Kreuzes schlägt der blinden *Synagoga*, dem Judentum, mit dem Schwert die Krone vom Haupt. Die Synagoge wird der Ehre beraubt. Die Kirche nimmt den Platz des Volkes Gottes, Israels Platz, ein. Israel, das jüdische Volk, wird

Lebendes Kreuz, Tafelmalerei, 2. Hälfte 16. Jahrhundert: Der rechte Kreuzesarm krönt die Ecclesia, während der linke Arm der blinden Synagoga mit dem Schwert die Krone vom Haupt schlägt.

verstoßen. Diese Betrachtung des Judentums war im Abendland lange vorherrschend. Solche judenfeindlichen Vorstellungen trugen dazu bei, antijüdische Stimmungen in der Bevölkerung zu verstärken.

Luthers Wahrnehmung des Judentums

Ein zentrales Anliegen des jungen Reformators Martin Luther ist die Bekehrung der Juden zum Christentum. Im Blick hierauf tritt Luther zunächst gegen Judenfeindschaft auf. In seiner Schrift »Dass Jesus Christus ein geborener Jude sei« (1523) schreibt er, dass Judenfeindschaft »keine christliche Lehre noch Leben« sei. Er kritisiert die Praxis der katholischen Kirche: »Unsere Narren, die Papisten, Sophisten und Mönche haben bisher also mit den Juden verfahren, dass wer ein guter Christ gewesen, hätte wohl mögen ein Jude werden ... Wer wollte Christ werden, so man sieht Christen so unchristlich mit Menschen umgehen? ... Denn aus ihr [der Synagoge] ist Christus kommen, die Apostel und das Wort, und nicht aus den Heiden. Denn Johannes sagt: ›Das Heil kommt von den Juden!‹ Darum soll man heutigen Tags die Juden nicht verachten, dieweil aus ihnen, nicht aus uns, die Herrlichkeit kommen ist. Denn sie sind die ersten Christen gewesen und ihnen sind versprochen die Gespräche Gottes.«[7]

Luther verurteilt auch die jährlich wiederkehrenden Ausschreitungen am Karfreitag. Um dem Vorurteil vom Christusmord entgegenzutreten, komponiert er das Passionslied: »Unsere große Sünde und schwere Missetat Jesum, den wahren Gottessohn, ans Kreuz geschlagen hat. Darum wir dich, armer Judas, dazu der Juden Schar nicht feindlich dürfen schelten, die Schuld ist unser gar.«

Viele jüdische Zeitgenossen nehmen wahr, welche positiven Folgen Martin Luthers Aussagen zunächst haben. Ein zeitgenössischer jüdischer Kommentator urteilt: »Alle Christen in allen Ländern ... beeinflusst von diesem edlen Mann, begegnen den Juden mit Wohlwollen. Während es früher Länder gab, wo jeder reisende Jude umgebracht wurde, ja sogar ein Land, wo ein Pfund Fleisch von jedem durchfahrenden Juden erzwungen wurde, laden sie uns nun zum Gottesdienst ein, freudig und mit höflicher Miene.«[8] Dieser Satz weist auf einen der Gründe der unerwarteten christlichen Freundlichkeit hin: Juden werden als Zielgruppe christlicher Mission wahrgenommen. Die Bekehrung der Juden wäre ein Beweis für die Richtigkeit seiner Theologie im Gegenüber zur »falschen« römischen Lehre. Allerdings kommt es nicht zu dieser

Luther-Denkmal in Berlin vor der Marienkirche

Bestätigung. Auch die lutherische Form der Verkündigung führt nicht dazu, dass sich Juden in großer Zahl zum Christentum bekehren. Weil die jüdischen Gelehrten Luthers Auslegung der Bibel nicht folgen, in der er meint, nachgewiesen zu haben, dass Jesus Christus der von den Juden erwartete Messias ist, unterstellt Luther diesen Gelehrten bösen Willen und bezeichnet sie als »Gotteslästerer.« Seine 1543 verfasste Schrift »Von den Juden und ihren Lügen« enthält wüste Ausfälle gegen Juden und Judentum. »Ich will meinen treuen Rat geben: Erstlich, dass man ihre Synagoge oder Schule mit Feuer anstecke, und was nicht verbrennen will, mit Erde überhäufe und beschütte, dass kein Mensch einen Stein oder Schlacke davon sehe ewiglich. ... Zum anderen, dass man auch ihre Häuser desgleichen zerbreche und zerstöre ... Zum dritten, dass man ihnen nehme all ihre Betbüchlein und Talmudisten ... Zum vierten, dass man ihren Rabbinern bei Leib und Leben verbiete hinfort zu lehren ... Zum fünften, dass man den Juden das Geleit und Straße ganz und gar aufhebe.«[9]

Evangelische Christen haben zu verschiedenen Zeiten Luthers judenfeindliche Aussagen für ihre eigenen antijüdischen Interessen genutzt. Sie werden beispielsweise von Adolf Stoecker, Hofprediger in Berlin und Gründer einer antisemitischen Partei, im 19. Jahrhundert aufgenommen und im 20. Jahrhundert von Theologen, die die nationalsozialistische Weltanschauung übernehmen. So beginnt wenige Tage nach dem November-Pogrom von 1938 der thüringische Landesbischof Martin Sasse seine Schmähschrift »Martin Luther über die Juden, weg mit ihnen!« mit den Worten: »Am 10. November 1938, an Luthers Geburtstag, brennen in Deutschland die Synagogen ... In dieser Stunde muss die Stimme des Mannes gehört werden ..., der der größte Antisemit seiner Zeit geworden ist.«[10]

Die schmerzliche Auseinandersetzung mit Luthers antijüdischen Aussagen und ihrer Wirkungsgeschichte führt dazu, dass sich der Lutherische Weltbund 1984 von Luthers antijüdischen Schmähungen distanziert. »Wir Lutheraner leiten unseren Namen von Martin Luther ab, dessen Verständnis vom Christentum auch weitgehend unsere Lehrgrundlage bildet. Die wüsten antijüdischen Schriften des Reformators können wir jedoch weder billigen noch entschuldigen ...«[11] Zahlreiche lutherische Kirchen haben seitdem Erklärungen verfasst, in denen sie Luthers antisemitische Aussagen verurteilen.

Auch Juden haben sich mit Martin Luther und seinen antijüdischen Aussagen beschäftigt. Rabbiner Albert Friedlander spricht 1985 in einem Vortrag Martin Luther an: »Bruder Martin von Eisleben, du hast diesen Boden für das Christentum gerettet, auch wenn ich mit dir kämpfen muss, um meinen eigenen Platz zu behalten. Wir sind beide Kinder Abrahams und haben so viele Reichtümer als gemeinsames Erbtum in unser Leben hineingenommen, dass jeder Gedanke und jedes Wort eine Verbindung zwischen uns herstellt. Wir haben gemeinsam gelitten, auch in jüngster Zeit. Wir haben gemeinsame Hoffnungen für die Endzeit. Aber um eines muss ich dich bitten im Moment des Abschieds, weil ich weiß,

dass dunkle und hoffnungslose Zeiten immer wieder kommen: Verschließ die Folterkammer! Lass sie nie wieder öffnen! Und lehre deine Nachkommen, dass es Zeiten gibt, wo die Mitmenschlichkeit die Dogmen besiegen muss. Denn wir sind Menschen und dürfen uns nicht Gottes Strafgericht aneignen. Wir sind Men-

Oberrabbiner Albert Friedländer (gest. 2004) und die Hamburger Bischöfin Maria Jepsen im Gespräch auf dem Deutschen Evangelischen Kirchentag in Stuttgart 1999

schen und können einander lieben. Und möge Gott uns schützen und zusammenführen, jetzt und für alle Zeit.«[12]

Eine neue Sicht des Judentums

In den letzten Jahrzehnten hat sich auf kirchlicher Seite viel in der Wahrnehmung des Judentums verändert.

Diese Veränderung schlägt sich in zahlreichen kirchlichen Erklärungen nieder. Sie sind zusammengestellt in: Rolf Rendtorff, Hans Hermann Henrix (Hg.): Die Kirchen und das Judentum. Dokumente von 1945-1985, Paderborn, München, 1988. (Dokumente I). Und: Hans Hermann Henrix, Wolfgang Kraus (Hg.): Die Kirchen und das Judentum. Dokumente von 1986-2000, Paderborn, Gütersloh, 2001. (Dokumente II)

Für die neue Wahrnehmung des Judentums spielte und spielt das Nachdenken über den Holocaust eine grundlegende Rolle. »Theologie nach Auschwitz: sie weiß als christliche Theologie, dass der Vorhang im Tempel zerrissen ist: der Vorhang im Tempel der Kirche, die sich als wahres Israel, als wahres Jerusalem, als wahrer Tempel des Herrn verstand. Der zerrissene Vorhang gibt den Blick in unheimliche Landschaften preis: in jene Landschaften, in denen sich triumphalistisch die Kirche als alleinige Erbin der Gottesbotschaften der Bibel verstanden hatte, nachdem sie die Geschichte der Juden als beendet verkündet hatte.«[13]

Arbeitshilfe zum jüdisch-christlichen Dialog

Seit 1945 lassen sich grob drei Zeitabschnitte auf dem Weg einer neuen Wahrnehmung des Judentums durch die evangelische Kirche ausmachen.

1945–1961: In diese Phase fällt das Bekennen von Schuld und die Verurteilung von Antisemitismus; die Notwendigkeit einer grundlegenden theologischen Reflexion der christlichen Wahrnehmung des Judentums wird anfänglich erkannt.

1961–1980: Angestoßen durch die Diskussionen beim Deutschen Evangelischen Kirchentag fragt man nach der Notwendigkeit, an einer missionarischen Haltung gegenüber Juden festzuhalten; die traditionelle christliche Judenfeindschaft wird als Problem erkannt; es gibt das Bemühen, das Judentum seinem eigenen Selbstverständnis gemäß wahrzunehmen; Zionismus und der Staat Israel werden positiv bewertet. 1975 erscheint die erste Studie der Evangelischen Kirche in Deutschland zum Thema Christen und Juden.

Die dritte Phase beginnt 1980 mit der Verabschiedung der Erklärung der Rheinischen Synode zur Erneuerung des Verhältnisses von Christen und Juden: Diese Erklärung betont die bleibende Erwählung Isra-

Christen und Juden – Juden und Christen

els. In dieser Phase wird erkannt, dass die christliche Theologie sich grundlegend verändern muss, wenn sie antijüdische Denkmuster überwinden will. Dieser Prozess der Erneuerung christlicher Theologie ist noch nicht abgeschlossen. Im Laufe der Zeit steigt das Bemühen, die gewonnenen Erkenntnisse in Predigt und Unterricht umzusetzen. Eine Reihe von Kirchen ändern ihre Grundordnung, sodass die fundamentale Veränderung in der Wahrnehmung des Judentums an zentraler Stelle verankert ist.

a) Das Eingeständnis von Schuld

Im ersten Schritt wird Schuld – zunächst ganz allgemein – bekannt. Dies geschieht zum ersten Mal in der Stuttgarter Erklärung der Kirchenleitung der EKiD vom Herbst 1945. In einem weiteren Schritt wird die Schuld gegenüber Juden benannt: So beschreibt die kirchlich-theologische Sozietät in Württemberg das eigene Handeln im April 1946: »Wir sind mutlos und tatenlos zurückgewichen, als Glieder des Volkes Israel unter uns entehrt, beraubt, gepeinigt und getötet worden sind ... Wir bekennen unsere Schuld, vor all denen, die unschuldig leiden mussten...«[14] Selten findet sich in Erklärungen – der frühen Nachkriegszeit – eine solche Konkretion der Schuld. Häufig wird allgemein gesprochen und das eigene Versagen nicht beschrieben. Mit dem Fortschreiten der Zeit wird Schuld und Versagen genauer benannt.

Der Inhalt der christlichen Schuldbekenntnisse wandelt sich im Laufe der Jahrzehnte: War in den Nachkriegsjahren der Blick zumeist auf das Versagen im Politischen und auf die Unterlassung von Hilfe gerichtet, so kommt seit Mitte der 70er-Jahre der Antijudaismus der christlichen Theologie in den Blick.

Schuld wird nicht als auf die Vergangenheit beschränkt gesehen. So hebt z. B. die Erklärung der Berlin-Brandenburgischen Kirche hervor: »Alle folgenden Generationen haben sich dieser Schuld zu stellen ... Der Holocaust bleibt ein Teil der Geschichte unseres Volkes und unserer Kirche. Besonders in der christlichen Gemeinde, deren Glieder durch die Zeiten hin eng verbunden sind, kommt damit der Frage nach dem Umgang mit dieser Schuld besonderes Gewicht zu. Deshalb treten wir jeder Leugnung und Verharmlosung des Holocaust mit unserem Zeugnis der Wahrheit entgegen. Mehr noch sind Lehre, Erziehung und Leben der Kirche nach allem Geschehen so zu gestalten, dass die Schuldgeschichte keine Fortsetzung findet, sondern dass Umkehr und Erneuerung möglich werden.«[15]

In der Auseinandersetzung mit dieser – für die meisten Christinnen und Christen in der Bundesrepublik nicht mehr persönlichen – Schuld geht es darum, Verantwortung für die Konsequenzen der Taten der Vorfahren zu übernehmen, unter denen nach wie vor Menschen – und sei es in der zweiten oder dritten Generation – leiden.

b) Die Verurteilung der Judenfeindschaft

Eine Verurteilung von Antisemitismus findet sich zum ersten Mal in der Erklärung des Bruderrats von 1948 und kommt in allen nachfolgenden Erklärungen vor. So kritisiert die VELKD 1960 den herrschenden Antisemitismus und fordert dazu auf, eigene Versäumnisse aufzudecken. Ausführliche Erklärungen gegen den Antisemitismus folgen. 1992 fordern 451 deutsche theologische Hochschullehrerinnen und Hochschullehrer: »Die glaubwürdigste Form des Widerstandes gegen den neu aufbrechenden Antisemitismus in Deutschland ist die rechtzeitig gelebte und bezeugte Solidarität der Christen mit den Juden als ihren älteren Schwestern und Brüdern.«[16] Die Bekämpfung von Antisemitismus ist kein Problem der Vergangenheit, sondern nach wie vor eine aktuelle Aufgabe.

Im Laufe der Zeit tritt neben die Verurteilung des Antisemitismus die Erkenntnis, dass religiös begründete und motivierte Ablehnung bzw. Herabsetzung des Judentums zur *Schoa* beigetragen hat. Dies wird 1980 zum ersten Mal ausgesprochen: »Diese Nichtachtung der bleibenden Erwählung Israels und seine Verurteilung zur Nichtexistenz haben immer wieder christliche Theologie, kirchliche Predigt und kirchliches Handeln bis heute gekennzeichnet. Dadurch haben wir uns auch der physischen Auslöschung des jüdischen Volkes schuldig gemacht.«[17] Der Zusammenhang zwischen christlichem Antijudaismus und Antisemitismus wird gesehen. Das führt in einem ersten Schritt zu einer Revision christlicher Bilder vom Judentum und in einem zweiten Schritt zu einer Reflexion christlicher Theologie insgesamt.

Mit einer grundsätzlich positiven Bewertung des Staates Israel in den kirchlichen Erklärungen geht die Ablehnung des Antizionismus einher, der als eine Spielart des Antisemitismus beschrieben wird. »Auf dem Umweg ›Antizionismus‹ dürfen nicht alte und neue Judenfeindschaften geweckt oder geduldet werden.«[18]

Bei vielen Christen herrscht Unsicherheit, was legitime Kritik an der Politik der israelischen Regierung ist und was antijüdisch bzw. antisemitisch ist. Problematisch erscheint eine Darstellung des Konfliktes zwischen Israelis und Palästinensern, die eine einseitige Schuldzuschreibung enthält. Hierzu gehört, die Palästinenser als – unschuldige – Opfer darzustellen, Israelis dagegen die Verantwortung für das Fortdauern des Konfliktes zuzuschreiben. Auch das Leiden der Israelis ist zu beachten. Kritik an der Politik der Regierung Israels ist nicht *per se* antisemitisch. Sie gilt dann als antisemitisch:

- wenn das Recht auf die Existenz des Staates Israel bestritten wird,
- wenn israelische Politik mit nationalsozialistischen Verbrechen verglichen wird,
- wenn dem Staat Israel nicht das Recht auf Selbstverteidigung zugebilligt wird.

Judenfeindschaft – Antijudaismus – Antisemitismus

Judenfeindschaft ist der Oberbegriff für jegliche Art von Herabsetzung von Juden und Judentum. Der Ausdruck Antisemitismus entstand im späten 19. Jahrhundert. Im allgemeinen Sprachgebrauch versteht man unter Antisemitismus die Denkweise und das Verhalten der Verachtung, der Feindseligkeit und des Hasses gegenüber Juden, weil sie Juden sind.

Der Begriff »Antijudaismus« bezeichnet in der theologischen Diskussion judenfeindliche Einstellungen, denen eine religiös motivierte Abwertung des Judentums zugrunde liegt. Antijudaismus ist also nicht schon die Feststellung von Unterschieden und Trennendem zwischen Christentum und Judentum, sondern die Interpretation solcher Unterschiede im Sinne der Herabsetzung des jüdischen Glaubens und Lebens. Das, was als Antijudaismus erlebt wird, ist kulturellen Prozessen der Wahrnehmung unterworfen und hängt – ähnlich wie bei Sexismus oder Rassismus – auch vom Empfinden der Betroffenen ab.

c) Die christliche Wahrnehmung des Judentums wird theologisch reflektiert

Bereits kurz nach Kriegsende erkennen Einzelne, dass die christliche Wahrnehmung des Judentums auch theologisch zu prüfen ist. Ein erster wichtiger Schritt ist das »Wort zur Judenfrage« der EKD-Synode 1950, das das Judentum überwiegend positiv zeichnet. In dieser Erklärung finden sich wegweisende theologische Grundsätze: Die Erklärung betont Jesu Jude-Sein und stellt heraus, dass Gottes Liebe und Verheißungen auch weiterhin dem jüdischen Volk gelten. »Wir glauben an den HERRN und Heiland, der als Mensch aus dem Volk Israel stammt. Wir glauben, dass Gottes Verheißung über dem von ihm erwählten Volk Israel auch nach der Kreuzigung Jesu Christi in Kraft geblieben ist.«[19] Beide Gedanken spielen in zahlreichen späteren Erklärungen eine wichtige Rolle. Wird Jesu Jude-Sein betont, so kann er nicht mehr im Gegensatz zum Judentum interpretiert werden, wie es lange Zeit auch in der Nachkriegstheologie üblich war. Wird der Satz von der Gültigkeit von Gottes Verheißungen für Israel ernst genommen, so bedeutet dies den Abschied von der Lehre, Israel sei von Gott verworfen. Diese Implikationen sind 1950 noch nicht deutlich, werden aber in den folgenden Jahrzehnten entfaltet.

Eine entscheidende Veränderung zeigt sich in der Bereitschaft, Juden und ihre Religion in der Begegnung als ein gleichberechtigtes Gegenüber wahrzunehmen und das jüdische Selbstverständnis zu respektieren. Die Widersprüche zwischen überlieferten christlichen Aussagen über das Judentum und jüdischer Selbstbeschreibung geben Anlass, die christliche Rede über Juden und ihre Religion zu verändern. Leitendes Interesse ist hierbei der Wille, antijüdische Denkmuster in der christlichen Theologie zu überwinden. Die neue Sichtweise beginnt mit dem Abschied von verzerrten, einseitigen und falschen Darstellungen über das Judentum, zum Beispiel der Pharisäer oder des Judentums als einer »Gesetzesreligion«. Immer deutlicher wird die Aufgabe, Aussagen der christlichen Lehre, wie z. B. die Lehre von der Heilsbedeutung Christi (Christologie) und die Lehre von dem Wesen der Kirche (Ekklesiologie), aufgrund der neu gewonnenen Einsichten kritisch zu befragen und zu revidieren. Sie erweist sich als sehr viel schwieriger als das Aufgeben verzerrender Bilder. So widmen sich die zweite und dritte Studie der EKD zu Christen

> *Die theologischen Überlegungen »... sind Stationen eines noch unabgeschlossenen theologischen Denkweges.«*
> Leuenberger Texte 6

und Juden Fragen zur Christologie und Ekklesiologie. Die Erklärung der »Lutherischen Europäischen Kommission Kirche und Judentum« lenkt den Blick auch auf Themen lutherischer Theologie, wie »Gesetz und Evangelium«, »Glaube und Werke«, »Verheißung und Erfüllung«, »Zwei Regimente/Zwei Reiche«, die es im »Blick auf ihre Auswirkung auf das christlich-jüdische Verhältnis« neu zu bedenken gilt.[20] Die theologische Diskussion dieser Themen, die das Zentrum christlicher Identität betreffen, ist kontrovers und noch nicht zu einem Abschluss gekommen. »Die unterschiedlichen Bemühungen um eine Klärung des Verhältnisses von Kirche und Israel ... sind Stationen eines noch unabgeschlossenen theologischen Denkweges. Sie haben die Kirche, ihre Theologie und ihre Spiritualität bereichert. Sie haben Impulse gegeben für den inneren Dialog der Kirchen; und sie haben Menschen dazu ermutigt, miteinander über eine positive Sicht Israels nachzudenken.«[21]

d) Mission unter Juden

Die Diskussion um die Notwendigkeit einer Mission unter Juden dauerte lange, war intensiv und sehr emotional. Unter dem Einfluss der *Schoa* stehend wird im Beschluss der Neugründung des Evangelisch-Lutherischen Zentralvereins für Mission unter Israel im Oktober 1945 festgestellt, »dass nach allem, was geschehen ist, eine unmittelbare evangelische Tätigkeit unter Juden seitens einer deutschen kirchlichen Stelle einstweilen nicht möglich ist.«[22] Das ist ein historisch-moralisch begründetes Nein, kein theologisch grundsätzliches.

Die Debatte um die Mission spaltet diejenigen, die sich in der evangelischen Kirche mit dem Judentum beschäftigen, bis Ende der 80er-Jahre in zwei Lager. »Mission« oder »Dialog« sind Schlagworte, mit denen die jeweiligen Positionen behaftet sind. In der EKD-Studie Christen und Juden von 1975 versuchen die Autoren, die Unterschiede zu minimieren und gelangen so zu der Aussage, dass »Mission und Dialog zwei Dimensionen des einen christlichen Zeugnisses«[23] seien, eine Position, die allerdings auf Kritik stößt.

Die EKD-Studie »Christen und Juden III« behandelt diese Fragen umfassender. Sie beschreibt biblische und historische Gesichtspunkte und kommt zu dem Schluss: »Eine Kirche, die sich nicht mit allen ihr verfügbaren Mitteln in der Zeit tödlicher Bedrohung vor ihre getauften Mitglieder jüdischer Herkunft gestellt hat, hat schwerlich die Vollmacht zur Judenmission.«[24] Vor dem Hintergrund der Abwägung biblischer Aussagen, formuliert die Studie: »Gott hat sein Volk nicht verstoßen (Röm 11,1). Diese Einsicht lässt uns – mit dem Apostel Paulus – darauf vertrauen, Gott werde sein Volk die Vollendung seines Heils schauen lassen. Er bedarf unseres missionarischen Wirkens nicht.«[25].

Im Jahr 2001 machen sich die Kirchen der »Gemeinschaft Evangelischer Kirchen in Europa« (GEKE) in ihrer Studie zu Kirche und Israel die Position zu Eigen: »Die Gemeinsamkeit des Zeugnisses von dem Gott Israels und das Bekenntnis zum souveränen Erwählungshandeln dieses Einen Gottes ist ein gewichtiges Argument dafür, dass sich die Kirchen jeglicher gezielt auf die Bekehrung von Juden zum Christentum gerichteten Aktivität enthalten.«[26]

In der Diskussion um ein Pro und Kontra von Mission löst der Begriff des »Zeugnisses« in zunehmendem Maß den Begriff »Mission« ab, weil Mission in dieser Debatte im Sinn einer organisierten, aktiven Tätigkeit verstanden wird, die das Ziel hat, Proselyten zu gewinnen. Diese Charakteristika werden dem Begriff »Zeugnis« nicht zugesprochen. Es scheint sich eine Position herauszukristallisieren, die dem Gegenüber im Dialog Wahrheitsfähigkeit zuspricht und die daran festhält, den eigenen Glauben zu artikulieren und zu bezeugen.

e) Fazit

Der bisherige Weg des christlich-jüdischen Gesprächs führt letztlich nicht nur zu einer Veränderung der theologischen Wahrnehmung des Judentums, sondern in einem weiteren Schritt auch zu einer Veränderung christlicher Selbstdefinition. Wie diese Veränderungen aussehen, welche theologischen Wege zu beschreiten sind, darüber gibt es eine lebhafte Diskussion.

Die EKD-Studien »Christen und Juden I-III« und die Erklärungen vieler Synoden sind die offiziellen kirchlichen Stellungnahmen. Sie sind nicht allgemein akzeptierter Konsens aller Kirchenmitglieder. Die EKD-Studie III stellt fest: »Das christlich-jüdische Gespräch hat bedeutende Ergebnisse erzielt. Es ist bisher jedoch trotz großer Bemühungen nur unzureichend gelungen, diese auch auf die Ebene der Gemeinden zu tragen.«

Der jüdische Wissenschaftler Ernst-Ludwig Ehrlich weist darauf hin, dass der Alltag das Entscheidende im Miteinander von Juden und Christen ist. In ihm muss der gute Wille, der in Erklärungen zum Ausdruck kommt, umgesetzt werden. Der Test für den christlich-jüdischen Dialog könne, so Ehrlich, daher nicht eine gelungene theologische Formulierung sein, sondern die konkrete Anwendung der biblischen Botschaft im Leben, im Umgang zwischen Christen und Juden.

ORTE DER BEGEGNUNG

AKTION SÜHNEZEICHEN

Mit der Aktion Sühnezeichen/Friedensdienste leisten seit 1959 junge Menschen freiwilligen Friedensdienst in den von Nazideutschland entrechteten Ländern. Anfangs arbeiteten Freiwillige vor allem an Bauprojekten mit, z. B. an einer Synagoge in Lyon. Heute steht die soziale Arbeit im Vordergrund. Die Freiwilligen betreuen Überlebende der *Schoa*, arbeiten in verschiedenen sozialen Einrichtungen und in den Gedenkstätten.

ARBEITSGEMEINSCHAFT JUDEN UND CHRISTEN BEIM DEUTSCHEN EVANGELISCHEN KIRCHENTAG

Ernst Ludwig Ehrlich, Rabbiner Homolka und Frank Crüsemann auf dem Ökumenischen Kirchentag in Berlin 2003

Die AG »Juden und Christen« beim Deutschen Evangelischen Kirchentag gibt für die kirchliche Neuorientierung seit ihrer Entstehung 1961 immer wieder wichtige Impulse. Von Anfang an arbeiten Jüdinnen und Juden in der AG mit. Während der mehr als 40 Jahre ihres Bestehens hat die AG das Thema »Judentum« und »christlich-jüdisches Gespräch« einem breiten Publikum erschlossen.

EVANGELISCH-LUTHERISCHER ZENTRALVEREIN FÜR BEGEGNUNG VON CHRISTEN UND JUDEN

Ein Beispiel für das Lernen aus der Begegnung mit dem Judentum ist der Evangelisch-lutherische Zentralverein für Begegnung von Christen und Juden. Er wurde 1871 als Zentralverein für Mission unter Israel gegründet. Nach seiner Auflösung 1935 begann er im Oktober 1945 erneut mit seiner Tätigkeit und knüpfte an seine missionarische Tradition an. Nach einer langen und intensiven Auseinandersetzung lehnten die Mitglieder 1991 eine Missionierung von Juden ab. Heute sieht der Verein seine Aufgabe vor allem darin, Vorurteile gegenüber dem Judentum in Kirche und Gesellschaft abzubauen und in der solidarischen Zuwendung zu Juden und Judentum.

GESELLSCHAFTEN FÜR CHRISTLICH-JÜDISCHE ZUSAMMENARBEIT

Die Gesellschaften für christlich-jüdische Zusammenarbeit entstanden kurz nach Ende des Zweiten Weltkrieges auf Initiative der amerikanischen Regierung als Teil des Demokratisierungsprozesses. Seit über 50 Jahren setzen sie sich für den Dialog zwischen Christen und Juden, für

Toleranz und gegen Fremdenfeindlichkeit ein. Alljährlich wird von ihnen die Woche der Brüderlichkeit durchgeführt und die Buber-Rosenzweig Medaille verliehen.

LANDESKIRCHLICHE ARBEITSKREISE »CHRISTEN UND JUDENTUM«

In allen Landeskirchen gibt es einen oder auch mehrere Arbeitskreise, die sich zum Teil seit Jahrzehnten mit dem Judentum beschäftigen. Sie sehen ihre Aufgabe darin, Judenfeindschaft in der Kirche zu überwinden und das Verhältnis von Kirche und Judentum vor Ort zu reflektieren und aktiv zu gestalten. Die Arbeitskreise sind in der KLAK, der Konferenz Landeskirchlicher Arbeitskreise »Christen und Judentum« zusammengeschlossen.

Juden und Christen beten für den Frieden auf einer Liturgischen Feier auf dem Ökumenischen Kirchentag in Berlin 2003: Landesrabbiner Henry Brandt, Kantor Laszlo Pasztor, Kardinal Karl Lehmann, der damalige EKD-Ratsvorsitzende Manfred Kock, Pfarrerin Martina Severin-Kaiser (v.l.n.r.)

STUDIUM IN ISRAEL

Seit 1977 verbringt eine Gruppe von ca. 20 Studierenden der Theologie ein Jahr in Jerusalem. Sie studieren auf Neuhebräisch an der Hebräischen Universität in Jerusalem und in einem eigenen Begleitprogramm. Ziel ist ein umfassendes Kennenlernen der jüdischen Tradition. Die Studierenden leben in einer jüdischen Umgebung: Die Vielfalt des Judentums und christlich-jüdisches Gespräch werden im Alltag erfahren. Das Studienprogramm wird von den Landeskirchen und der EKD gefördert.

WEITERE AKTIVITÄTEN

Eine Beschäftigung mit dem Judentum im kirchlichen Kontext findet darüber hinaus an zahlreichen Orten statt. So wird das christlich-jüdische Gespräch an mehreren evangelischen Akademien, z. B. Arnoldshain und

Berlin, gepflegt. In Hamburg und im Kloster Denkendorf in Württemberg finden alljährlich *Tora*-Lernwochen mit jüdischen Lehrenden statt. Über 20 Jahre lang veranstaltete das Hedwig-Dransfeld Haus in Bendorf in Kooperation mit dem Leo Baeck College, London, eine Woche, in der Christen und Juden sich intensiv mit einem biblischen Buch beschäftigen; diese Bibelwochen finden jetzt im Haus Ohrbeck des Bistums Osnabrück statt. Das Institut für Kirche und Judentum in Berlin veranstaltet eine Sommeruniversität, in der Christen die Gelegenheit haben, sich intensiv mit der jüdischen Tradition auseinander zu setzen. Darüber hinaus gibt es zahlreiche engagierte Initiativen und Einzelpersonen, die an einzelnen Orten Veranstaltungen durchführen.

Biblisch-theologische Aspekte

DAS ALTE TESTAMENT: BUCH DER JUDEN –
BUCH DER CHRISTEN

Für den christlichen Glauben ist die Bibel grundlegend. Die Bibel enthält in ihrem ersten und größeren Teil Schriften, die dem Judentum als heilige Schriften zuvor schon galten und bis heute gelten. Es ist einmalig unter den Religionen, dass zwei eigenständige Religionsgemeinschaften einen wesentlichen Teil ihrer Heiligen Schriften gemeinsam haben. Deshalb wird das Alte Testament oft als Bindeglied zwischen Christen und Juden bezeichnet: Es erinnert Christen daran, dass ihr Glauben aus dem Judentum herausgewachsen ist und verbindet sie zugleich mit dem heutigen Judentum, das mit denselben Schriften lebt.

Wie man das Alte Testament versteht, welche Bedeutung man ihm zumisst und in welches Verhältnis man es zum Neuen Testament setzt, prägt wesentlich das Verständnis des christlichen Glaubens überhaupt.

Die junge Kirche hat das Alte Testament, das die Geschichte Gottes mit seinem Volk Israel bezeugt, vor das Neue Testament gestellt, das Jesus als den Christus bezeugt. Sie wählte das ganze Alte Testament und nicht etwa einzelne Passagen, die vielleicht besonders gut zu neutestamentlichen Aussagen gepasst hätten. Unsere Heilige Schrift ist damit eine zweigeteilte Einheit. Einheit und doch zweigeteilt – wie kam es zu dieser Gestalt der Bibel und welche Bedeutung hat dies für den christlichen Glauben?

a) Heilige Schriften entstehen

Oft wird gesagt: ›Das Alte Testament war die Bibel Jesu und der ersten Gemeinden‹. Dabei muss man bedenken: Zur Zeit Jesu gibt es keine ›fertige‹ Bibel. Ein »Altes« Testament gibt es erst in dem Moment, als ein »Neues« Testament beigeordnet wird (in der zweiten Hälfte des 2. Jahrhunderts), also nur auf christlicher Seite. Zur Zeit Jesu existieren verschiedene Sammlungen Heiliger Schriften nebeneinander. Eine Entscheidung über ihre Verbindlichkeit ist noch nicht endgültig gefallen.

Der Kern der Heiligen Schriften Israels ist eine Sammlung, deren erster Teil nach seinem Hauptinhalt »Gesetz« und deren zweiter Teil »Propheten« genannt wird. Etwa seit Mitte des 2. Jahrhunderts v. Chr. kristallisiert sich ein dritter Teil heraus: »übrige Schriften« oder »Psalmen Davids«. Der Enkel des Jesus Sirach schreibt 132 v. Chr. in seiner Einleitung zur griechischen Übersetzung des von seinem Großvater verfassten Buchs: »Vieles und Großes ist uns durch das Gesetz, die Propheten und die andren Schriften, die ihnen folgen, geschenkt worden.« (vgl. auch Mt 22,40; Lk 24,44)

Nach diesen drei Hauptteilen erhält die Hebräische Bibel später ihren Namen: Die Anfangsbuchstaben der hebräischen Worte für diese drei Teile ergeben das Kunstwort ›Tanach‹ oder ›Tenach‹ (Weisung: *Tora*, Propheten: *Newiim*, Schriften: *Ketuwim*) (vgl. S. 13ff.).

Lange bevor die Hebräische Bibel in ihrem Umfang endgültig feststeht, übersetzen Juden sie in die damalige Weltsprache, das Griechische: Zunächst die fünf Bücher Mose (im 3. Jahrhundert v. Chr.), im Laufe der Zeit (bis ins 1. Jahrhundert n. Chr.) folgen die anderen Schriften. Diese griechische Übersetzung ist unter dem Namen »Septuaginta« bekannt.

Zwischen dieser Übersetzung und dem hebräischen Text gibt es Unterschiede. Gedanken aus der Zeit der Übersetzung, etwa philosophische Vorstellungen, gelangen in die Septuaginta. Sie betreffen z. B. das Gottesbild: So wird etwa die Selbstvorstellung Gottes in 2 Mose 3,14 (»Ich werde sein, der ich sein werde«) übersetzt als »Ich bin der Seiende«, was griechischen Vorstellungen eher entspricht.

Auch messianische Hoffnungen und der Auferstehungsglaube, die im damaligen Judentum aufkommen, werden eingetragen. So endet das Buch Hiob im Hebräischen Text mit dem Satz: »Und Hiob starb alt und lebenssatt.« Die Septuaginta ergänzt: »Es steht geschrieben, dass er wieder auferstehen wird mit denen, die der HERR auferwecken wird.«

Septuaginta und Hebräische Bibel sind auch nach Zahl und Umfang der in ihnen enthaltenen Bücher nicht gleich. Einige Bücher sind erheblich kürzer als in der Hebräischen Bibel. Denn auch nach der Übersetzung ins Griechische wurde am Hebräischen Text noch weitergearbeitet. Das hebräische »Original«, das den Übersetzern vorlag, ist verloren.

Zusammenfassend lässt sich sagen:

- Septuaginta und Hebräische Bibel sind zwei eigenständige Überlieferungen der Heiligen Schriften.
- Die Heiligen Schriften wurden beim Übersetzen und im Laufe der Zeit ergänzt, um sie zu interpretieren und sie zu aktualisieren.
- Ein Bedürfnis nach einer klar abgeschlossenen »Bibel« gab es lange nicht.

Erst nach der Zerstörung des zweiten Tempels im Jahr 70 n. Chr., als das Judentum seine Identität neu bestimmen muss, bildet sich der fest umrissene Umfang (Kanon) der Heiligen Schrift heraus. Etwa um 100 n. Chr. steht der Umfang der Hebräischen Bibel im Wesentlichen fest. Dabei wurden einige Schriften, die in der griechischen Übersetzung bereits ihren Platz hatten, nicht aufgenommen (z. B. die Makkabäer-Bücher).

b) Hebräische Bibel und Altes Testament

Die Septuaginta verband jüdische und frühe christliche Gemeinden. Beide lasen in ihr, die Verfasser der neutestamentlichen Schriften zitierten aus ihr.

Im Zuge der Auseinanderentwicklung von Judentum und Christentum wird die Septuaginta jedoch zunehmend als »christliche« Bibel verstanden. Dabei spielt vor allem folgender Faktor eine Rolle: Im Unterschied zur Dreiteilung der Hebräischen Bibel weist die

Die hebräische Bibel als Buch

Septuaginta eine Vierteilung in die fünf Bücher Mose (Pentateuch), Geschichtsbücher, Weisheitsbücher und Propheten auf. Anders als die Hebräische Bibel, die mit den Chronikbüchern abschließt, endet die Septuaginta in einigen Versionen mit dem zu den Propheten gezählten Buch

Daniel. Diese prophetische Ausrichtung begünstigt ein christliches Verständnis dieser Texte als Zeugnis auf Jesus Christus hin. In der Auseinandersetzung mit dem Judentum wurden die Schriften der Septuaginta von Christen immer wieder als Beleg für die Richtigkeit der eigenen Position ins Feld geführt.

Von jüdischer Seite kann das nicht nachvollzogen werden, sodass sich das Judentum wieder stärker auf den hebräischen Text beruft und von der hebräischen Bibel auch neue, eigenständige Übersetzungen anfertigt.

Die in der Kirche in Vergessenheit geratene Hebräische Bibel wird erst durch die Renaissance mit ihrem neuen Interesse am Altertum wieder entdeckt. Luther macht die Hebräische Bibel zur Grundlage seiner Übersetzung des Alten Testaments. Dabei nahm er nur diejenigen Schriften auf, die auch zum Bestand der Hebräischen Bibel gehören. Schriften, die allein in der Septuaginta, nicht aber in der Hebräischen Bibel vorkommen, hängt er seiner Übersetzung als so genannte Apokryphen an, welche »der Heiligen Schrift nicht gleich gehalten, und doch nützlich und gut zu lesen sind« (Luther). Dahinter steht der Gedanke, dass nur der hebräische Text der »Originaltext« sei.

So kommt es, dass die jüdische Bibel und das Alte Testament evangelischer Christinnen und Christen im Umfang übereinstimmen. In der Anordnung jedoch orientierte sich Luther an der prophetischen Ausrichtung der Septuaginta, die er noch einmal verstärkte, indem er die zwölf »kleinen Propheten« noch hinter Daniel an den Schluss setzte. Somit enden das Alte Testament evangelischer Christen, und auch die katholische Einheitsübersetzung, mit dem Buch Maleachi, dessen letzte Verse die Wiederkunft des Propheten Elia verheißen. Das Neue Testament knüpft mit dem Auftreten Johannes des Täufers, der an Elia erinnert, daran an.

> »In Hiob arbeiteten wir also, M. Phillippus, Aurogallus und ich, dass wir in vier Tagen zuweilen keine drei Zeilen konnten fertigen.« Luther, Sendbrief vom Dolmetschen

Die Orthodoxe Kirche und – traditionell – die katholische Kirche orientieren sich in Umfang und Anordnung an der Septuaginta bzw. an der lateinischen Übersetzung, der Vulgata.

c) Heilige Schrift und zweifache Nachgeschichte

Um 200 n. Chr. steht die christliche Bibel fest, in der das Alte Testament in voller Länge dem Neuen Testament vorangestellt wird. Die Kirche hat damit Bestrebungen abgewehrt, die das Alte Testament und nur ein verkürztes, nicht vom jüdischen Gott geprägtes Neues Testament akzeptieren wollten. Die Kirche entschied: Beide Testamente gehören zusammen, der Gott des Alten Testaments, der Himmel und Erde geschaffen und Israel erwählt hat, ist auch der Gott des Neuen Testaments.

Zur selben Zeit entsteht die *Mischna*, die für die jüdische Mehrheit maßgebend wird. Sie bildet den Kern des späteren *Talmud*, der als *mündliche Tora* die *schriftliche Tora* kommentiert und fortschreibt (vgl. S. 15f.).

Der erste Teil der Heiligen Schrift ist also zum einen ein unverbrüchliches Bindeglied zwischen Juden und Christen. Andererseits ist durch die Anordnung der Bücher und durch *Mischna* (bzw. *Talmud*) auf der einen und durch Neues Testament auf der anderen Seite ein deutlich unterschiedliches Verständnis dieses Buches geprägt worden.

Um deutlich zu machen, dass das Alte Testament nicht ein »veraltetes« Testament ist, prägte Erich Zenger den Namen »Erstes Testament«, andere sprechen von der »Hebräischen Bibel«. Unabhängig von den Bezeichnungen gilt: Das Neue Testament nimmt immer wieder Bezug auf das Alte Testament. Diesen Bezügen folgend, führt der Weg ins Alte Testament und von dort wieder zurück. Richtung und Perspektive beim Lesen immer wieder zu wechseln, entspricht der Dynamik dieses Buches.

DER EINE GOTT

Die Kirche hat die jüdische Bibel als ihr Altes Testament beibehalten und damit entschieden, wer für sie Gott ist: Der eine Gott, der Schöpfer der Welt, der sich in seiner besonderen Geschichte mit Israel unverbrüchlich als Gott Israels offenbart hat. Im Vater Jesu Christi lernt die Kirche niemand anderen kennen als diesen im Alten Testament bezeugten einen Gott.

a) Der Eine Gott in beiden Testamenten

Konkret bedeutet das, dass sich grundlegende Aussagen über Gott sowohl im Alten als auch im Neuen Testament finden:

- Gott ist der Schöpfer des Himmels und der Erde (1 Mose 1 u. 2).
- Gott will die Freiheit seiner Menschen (2 Mose 3ff.; Gal 5,1).
- Gott gibt Weisung für das Leben in Freiheit (2 Mose 20; 5 Mose 5; Mt 5,17-19).
- Gott ordnet die Beziehungen von Mensch zu Mensch und von Mensch zu Gott in Liebe (5 Mose 6,5: »Du sollst den HERRN, deinen Gott, lieben von ganzem Herzen; 3 Mose 19,18: »Du sollst deinen Nächsten lieben wie dich selbst«; 3 Mose 19,34 »Du sollst den Fremdling lieben wie dich selbst.« vgl. Mk 12,28-31).
- Gott steht für das Recht der Armen ein (3 Mose 19,9-10, Psalm 68,6; Mt 25,31-46).
- Gott zieht zur Verantwortung und er ist zugleich barmherzig (2 Mose 20,5f.): »Ich habe kein Gefallen am Tode des Gottlosen, sondern, dass der Gottlose umkehre von seinem Wege und lebe.« (Hes 33,11)

Dennoch finden sich immer wieder Darstellungen und Lehrmeinungen, die den Eindruck erwecken, der Gott des Alten Testaments sei ein ganz anderer als der des Neuen Testaments. Dabei werden die Aussagen des Alten Testaments über Gott betont, in denen Gott als Gott der Vergeltung, als kriegerischer oder eifersüchtiger Gott erscheint, der nur für Israel da ist. Im Neuen Testament dagegen werden die Aussagen hervorgehoben, die von einem liebenden und gnädigen Gott sprechen, der für alle Menschen da ist.

Manche dieser Denkmodelle gehen davon aus, dass Gott sich im Laufe der Zeit vom Kriegsgott zum liebenden Gott entwickelt habe. Dem liegt jedoch modernes Denken zugrunde, das die Idee einer Entwicklung vom Niedrigeren zum Höheren kennt. Die Bibel selbst kennt solche Entwicklung nicht. Sie stellt verschiedene Bilder von Gott nebeneinander. Diese Bilder spiegeln die Erfahrungen und Erwartungen von Menschen mit und an Gott zu unterschiedlichen Zeiten.

Gerade das Alte Testament reflektiert die Erfahrungen Israels mit Gott über Jahrhunderte hinweg, in denen Israel oft ein Spielball mächtiger Nachbarstaaten war. Keine Wirklichkeit aber, auch die des Krieges nicht, wird als von Gott getrennt erfahren. Gewalt und Aggression sind Teil menschlichen Lebens und werden in der Bibel nicht verdrängt.

So gibt es auch im Neuen Testament Aussagen der Gewalt und Vorstellungen eines letzten Krieges: »Und die Kelter (des Zornes Gottes) wurde ... getreten, und das Blut ging von der Kelter bis an die Zäume der Pferde.« (Offb 14,20); »Und aus seinem Munde ging ein scharfes Schwert, dass er damit die Völker schlage ... » (Offb 19,15).

Aussagen, die Gott als Kriegsherrn darstellen, der kein Erbarmen mit den Feinden duldet (z. B. 1 Sam 15) oder die als göttliche Legitimation des Krieges verstanden werden können, werden heute von vielen Juden und Christen gleichermaßen als problematisch empfunden. Eine Aufteilung in einen alttestamentlichen Gott der Rache und einen neutestamentlichen Gott der Liebe wird den vielfältigen Gottesbildern der einen Bibel nicht gerecht.

b) Die Treue Gottes

Der Gedanke, dass sich Gott von einem rächenden zum liebenden Gott entwickelt habe, geht meist mit einem anderen einher: Im Zuge dieser Entwicklung habe Gott seine besondere Bindung zum Volk Israel aufgegeben und sei zu einem universalen Gott geworden. Es wurde gelehrt, dass Gott mit der Kirche einen »Neuen Bund« geschlossen habe, während der »Alte« Bund mit Israel abgetan sei. Manchmal wurde in aller Deutlichkeit gesagt, Israel sei als Gottes Volk »verworfen«. Jedoch könne auch Israel durch die Taufe in den »Neuen Bund« kommen. Wenn es das verweigere, zeige sich seine Blindheit und Verstocktheit.

Martin Buber hat in einem Religionsgespräch mit dem christlichen Theologen K. L. Schmidt 1933 mit bewegenden Worten auf diese christliche Lehrmeinung geantwortet. Er schildert dort seinen Besuch des jüdischen Friedhofs in Worms, von dem aus man den großen christlichen Dom sehen kann. Martin Buber empfindet in dem Moment, als er zwischen den schiefen Grabsteinen steht, eine tiefe Verbundenheit zu all den Menschen vor ihm bis hin zu den Urvätern. Er durchlebt selbst ihre

Martin Buber, fotografiert von seiner etwa 10jährigen Enkelin Judith im Garten seines Heppenheimer Wohnhauses Anfang der 30er Jahre

oft leidvolle Geschichte: »Ich lebe nicht fern von der Stadt Worms. ... Wenn ich herüberfahre, gehe ich zuerst zum Dom. ... Dann gehe ich zum jüdischen Friedhof hinüber. Der besteht aus schiefen, formlosen, richtungslosen Steinen. ... Ich habe dagestanden und habe alles selber erfahren, mir ist all der Tod widerfahren ...; aber der Bund ist mir nicht aufgekündigt worden.«

Hier, inmitten der Jahrhunderte alten Zeugnisse jüdischen Lebens – im Gegenüber zum machtvollen christlichen Dom – hat Martin Buber das Wort geprägt »Aufgekündigt ist mir nicht«. Es ist in seiner Tiefe nur vor dem Hintergrund der oben beschriebenen christlichen Lehre vom aufgekündigten Bund zu verstehen.

Nach der *Schoa* beginnt man auf christlicher Seite zu verstehen, wie problematisch die Lehre von der Verwerfung Israels und des aufgekündigten »Alten« Bundes ist.

– Sie enthält eine falsche Sicht von Gott: Er habe sich ein Volk erwählt und mit ihm einen Bund geschlossen, dann habe er diesen Bund fallen lassen, um sich ein neues Volk, die Kirche, zu suchen und einen neuen Bund zu schließen. *Theologisch* hieße das, dass auf Gott kein Verlass wäre. Paulus wehrt diese Sichtweise ab, wenn er sagt: »Gottes Gaben und Berufungen können ihn nicht gereuen.« (Röm 11,29)

– Mit der Lehre vom »Gottesvolk des Alten Bundes«, das durch die Kirche, als »Gottesvolk des Neuen Bundes«, abgelöst sei, ging eine Abwertung des Judentums als überholter Religion einher. Dieses Denken hat Folgen bis zur rechtlichen Diskriminierung, Ausgrenzung und Verfolgung der Juden gehabt. Nach der *Schoa* wuchs die Einsicht, dass diese jahrhundertelange Abwertung den Mord an den Juden in der Nazi-Zeit mit vorbereitet hat.

c) Die bleibende Erwählung Israels

1980 prägt der Rheinische Synodalbeschluss die Rede von der »bleibenden Erwählung«: »Wir glauben die bleibende Erwählung des jüdischen Volkes als Gottes Volk ...« Mit diesem Ausdruck wird ein verändertes Denken gekennzeichnet: Israel ist und bleibt nach biblischem Zeugnis Gottes erwähltes Volk. Gott hat sein Volk nicht verworfen, den Bund nicht aufgekündigt.

Blick vom alten jüdischen Friedhof auf den Wormser Dom

Doch damit sind neue Probleme aufgeworfen. Denn nun fragt sich:
– Gibt es zwei Bünde Gottes - einen Bund mit Israel und einen Bund mit der Kirche?
– Wenn ja, stehen die beiden Bünde dann einfach nebeneinander oder sind beide letztlich eines?

Die Antworten auf die eher theoretisch klingenden Fragen haben viel mit dem Selbstverständnis der Kirche zu tun. Wenn Gottes Bund mit Israel besteht, ist dann die Kirche in diesen Bund hineingenommen? Ist sie lediglich zu etwas dazu gekommen, das auch vorher schon bestand? Braucht Israel als Gottesvolk das Zeugnis der Kirche?

d) Die Bundesschlüsse des Gottes Israels

Im Römerbrief (9,4) zählt Paulus das auf, was Israel als Volk Gottes bleibend ausmacht. Dazu gehören die Bundesschlüsse. Paulus spricht nicht von einem Bund, sondern von mehreren Bünden. So ist es biblische Tradition. Gott geht – als der Mächtigere – ein Bundesverhältnis ein und begrenzt sich damit selbst. Er tut dies viele Male:

- mit Noah und damit der ganzen Menschheit (1 Mose 9: Gottes Selbstverpflichtung, dass es nie wieder zu einer Sintflut kommen wird),
- mit Abraham (1 Mose 17: Gott verpflichtet sich, der Gott Abrahams und seiner Nachkommen zu sein und verheißt ihnen das Land),
- mit Jakob (1 Mose 28: Gott verheißt, dass er »mit ihm« sein wird und sagt das Land ihm und seinen Nachkommen zu).

Mit der Gabe der *Tora* nimmt der Bund auch den Charakter eines Vertragsverhältnisses an. Israel als Vertragspartner ist gefordert, seinen Teil zu tun. 2 Mose 24 beschreibt den feierlichen Bundesschluss, bei dem das Buch des Bundes, die *Tora*, vorgelesen und der Bund mit dem »Blut des Bundes« geschlossen wird (vgl. 2 Mose 19,5; und 34,10).

> *»Gott hat Barmherzigkeit mit unseren Vätern gezeigt und an seinen heiligen Bund gedacht, und an den Eid, den er unserem Vater Abraham geschworen hat.«* Lk 1,72f.

Keiner der neuen Bundesschlüsse ersetzt die vorigen. Immer wird damit der Gehalt der anderen Bünde neu in Kraft gesetzt. Dadurch, dass Israel seinen Teil nicht einhält, kommt es zu Gefährdungen des Bundes. Gott aber hält und erneuert seinen Bund immer wieder.

In späterer Zeit verbinden sich zwei weitere Hoffnungen mit dem Bund: zum einen eine heilvolle Wirkung auch für die Völker der Welt, die Anteil erhalten an dem Bundesgeschehen. So beruft Gott seinen Knecht in Jes 42,6 mit dem Ziel, dass er zum »Bund des Volkes« und zum »Licht der Nationen« wird.

Zum anderen verbindet sich damit die Erwartung, dass Gott einen »neuen Bund« schließen wird, den er ins Innere, in die Herzen der Menschen, legen werde, sodass Gotteserkenntnis von innen her möglich wird.

»Neue« Bundesschlüsse stehen immer in Kontinuität zu den vorherigen, niemals hebt ein Bund den vorigen auf. Neue Bundesschlüsse bekräftigen und »vergegenwärtigen« das eine Bundesgeschehen zwischen Gott und den Vätern.

Auch im Neuen Testament ist das nicht anders. Zacharias sagt am Anfang des Lukas-Evangeliums: »Gott hat Barmherzigkeit mit unseren Vätern gezeigt und *an seinen heiligen Bund gedacht*, und an den Eid, den er unserem Vater Abraham geschworen hat.« (Lk 1,72f.)

Von einem eigenen, anderen Bund mit der Kirche oder der Völkerwelt wird nicht gesprochen.

e) Neuer Bund?

Im Alten Testament gibt es Aspekte des einen, von Gott immer wieder erneuerten Bundesgeschehens, die im Neuen Testament besonders aufgegriffen werden:

– Die Ausstrahlungskraft des Bundes Gottes mit Israel auch auf die anderen Völker: Der Gottesknecht soll zum »Bund des Volkes« und ein »Licht für die Völker« werden (Jes 42,6). Lukas nimmt diese Vorstellung auf: Simeon preist im Tempel das Kind als »ein Licht zur Erleuchtung der Völker.« (Lk 2,32)

– Die Vorstellung eines endzeitlich erneuerten Bundes: Die *Tora* wird dann ins Innere des Menschen gelegt sein, sie werden unmittelbare Gotteserkenntnis haben und keine Lehre mehr brauchen. Damit einher geht die Vergebung aller Sünden (Jer 31,31ff.). Bei der Einsetzung des Abendmahls werden von Jesus die Worte überliefert: »dieser Kelch ist der neue Bund in meinem Blut«.[27] Hier wird Jeremias Gedanke vom neuen Bund am Ende der Zeiten aufgenommen. Jetzt – in der Person Jesu – ist der Wille Gottes (die *Tora*) in die Herzen gelegt und die Zeit der Sündenvergebung angebrochen, spürbar gerade in der Feier des Abendmahls.

Auch der Verfasser des Hebräerbriefes nimmt explizit auf Jeremia Bezug: Indem Jeremia von einem »neuen» Bund spricht, so der Hebräerbrief, hat er den ersten für veraltet erklärt; »was aber veraltet und sich überlebt, ist dem Verschwinden nahe« (Hebr 8,13). Er scheint so die kirchliche Lehre vom abgetanen Bund mit Israel zu belegen. Doch spricht der Hebräerbrief nicht davon, dass der Bund Gottes mit Israel abgetan sei, sondern dass der (Opfer)Kult am Tempel durch das (endzeitliche) Opfer Jesu zu seinem Ende gekommen sei. Darin ist der eine Bund, von dem Jeremia spricht, gerade aufgerichtet (Hebr 10,14ff.).

»Neuer Bund« meint also im Neuen Testament nicht einen Bund, der mit der Kirche »neu« geschlossen wird, womöglich im Gegensatz

Darstellung des Abendmahls als Passamahl bei den Oberammergauer Passionsspielen 2000

zum »alten« Bund mit Israel. Der »Neue« Bund ist der – im Sinne Jeremias – in der Endzeit erneuerte Bund. In der Person Jesu hat für die Anhänger Jesu, des Messias, die Zeit dieses erneuerten Bundes begonnen, und Menschen aus den Völkern haben an dieser Zeit durch Christus ebenso Anteil.

JESUS, DER JUDE

Jesus war Jude. Für viele ist das heute eine recht selbstverständliche Aussage, da Jesus im Land Israel geboren wurde und in den dortigen Traditionen aufwuchs.

Meist bleibt dies jedoch eine rein historische Feststellung. Hat sie eine weitergehende Bedeutung – auch für den eigenen Glauben? Enthält die Aussage mehr als eine historische Zufälligkeit?

a) Jesus, Sohn Israels

Der Gott, von dem Jesus spricht und den er Vater nennt, ist der Gott Abrahams und der Gott Isaaks und der Gott Jakobs (vgl. Mk 12,26). Nicht zufällig beginnt das Neue Testament mit dem Stammbaum Jesu, der ihn fest in die Geschichte seines Volkes seit Abraham einschreibt. Aus dieser Geschichte kann Jesus nicht herausgelöst werden. Die Erzählungen von der Geburt Jesu bei Matthäus und Lukas heben auf unterschiedliche Weise hervor, dass Jesus in Bethlehem, der Stadt Davids, geboren sei. Die Evangelien wollen damit bezeugen, dass Jesus zu dem Stamm Juda gehört, aus dem auch König David herkommt, dessen Nachfahre er ist. Seine Sendung wird damit als Bestätigung der Verheißung Gottes an David gedeutet, mit der er seinem Haus und Königtum ewigen Bestand zusichert.

Lukas schildert in der Apostelgeschichte, wie das Evangelium gerade unter Nicht-Juden aufgenommen wurde. Er betont jedoch durch die beiden großen Lobgesänge der Maria und des Zacharias (Lk 1), mit denen er sein Evangelium eröffnet, dass die Sendung Jesu in Kontinuität zur Geschichte Gottes mit seinem Volk steht. Gott hat sich »Israels, seines Knechtes angenommen, zu gedenken seiner Barmherzigkeit, wie er geredet hat zu unseren Vätern, gegenüber Abraham und seiner Nachkommenschaft in Ewigkeit.« (Lobgesang der Maria, Lk 1,54) Zacharias preist den »Gott Israels«, der (mit Jesus) »hat uns aufgerichtet eine Macht des Heils im Hause seines Dieners David« zur »Errettung von unsern Feinden und aus der Hand aller, die uns hassen.« (Lk 1,69ff.) Dies ist der Horizont, in dem Jesu Wirken steht. Wollte man Jesus hier herauslösen, würde man ihn zu einem anderen machen.

b) Jesus, Jude unter Juden

Paulus und die Evangelien stellen heraus, dass Jesus Jude ist: Er wurde, wie Paulus sagt, von einer (jüdischen) Frau geboren und dem Gesetz, der *Tora*, unterstellt (Gal 4,4). Nach Lukas wird Jesus am 8. Tag beschnitten und seine Mutter zieht 40 Tage nach der Geburt mit ihrem Mann zum Tempel nach Jerusalem, um für sich zu opfern und den Erstgeborenen nach den Anweisungen der *Tora* auszulösen (vgl. 2 Mose 13). Die Familie zieht, wie später Jesus selbst, jährlich zum *Pessachfest* (Lk 2,41) nach Jerusalem. Nach dem Johannes-Evangelium feiert Jesus auch *Sukkot*, das Laubhüttenfest (Joh 7,1ff.) und *Chanukka*, das Tempelweihfest (Joh 10,22).

Jesus lebt in einer Zeit, in der das Judentum vielfältige in manchem sich widersprechende Ausprägungen hat. Die Not durch die römische Besetzung, zugleich aber auch eine intensive Auseinandersetzung mit den überlieferten Traditionen und den geistigen Strömungen der Zeit bringen eine Vielzahl von Richtungen und Strömungen hervor. Die bekanntesten Gruppen sind die Sadduzäer, die Pharisäer, die Zeloten und die Essener.

Unter diesen Strömungen steht Jesus mit seiner Verkündigung den Pharisäern am nächsten (vgl. Mt 23,3: »Alles nun, was sie euch sagen, das tut und haltet«). Wie sie spricht er in Gleichnissen. Auch ihm geht es um die Einhaltung der *Tora*. Dabei vertritt er – nach Matthäus – in der Bergpredigt eine eher strenge pharisäische Richtung: Kein Jota der *Tora* soll verändert, nicht das kleinste Gebot soll aufgelöst werden (Mt 5,18); die Auslegung einzelner Gebote (mündliche *Tora*) verschärft er.

> »Bis Himmel und Erde vergehen, wird nicht vergehen der kleinste Buchstabe noch ein Tüpfelchen vom Gesetz.«   Mt 5,18

Die Nähe zu den Pharisäern mag überraschen, treten diese doch meist als Gegner Jesu in Erscheinung. Die Evangelien sind jedoch mit einem Abstand von 40–50 Jahren zu den Ereignissen, von denen sie erzählen, geschrieben. Ihre Darstellung der Pharisäer spiegelt den sich verschärfenden Konflikt der frühen Gemeinden mit manchen Richtungen der Pharisäer zur Zeit der Abfassung der Evangelien wider, weniger aber den Konflikt Jesu mit ihnen.

Aus der Darstellung der Evangelien lässt sich erkennen, dass Jesus Israel für die Gottesherrschaft sammeln will (Mt 9,35ff.). Er sieht sich dabei nur an sein Volk gesandt (vgl. Mt 10,5: »Geht nicht auf den Weg zu den (anderen) Völkern und geht nicht in eine Stadt der Samaritaner«). Mt 15,21ff. (par Mk 7,24ff.) zeigt den Juden Jesus, der keineswegs bereit ist, der Nicht-Jüdin sofort zu helfen: »Ich bin nur gesandt zu den verlorenen Schafen des Hauses Israel« (Mt 15,24).

c) Jesus, der Christus

Die Erfahrung der Auferweckung Jesu aus dem Tod bringt seine Anhänger schon bald dazu, ihn als Messias zu bekennen. Er ist für sie der leidende Gerechte, dessen Leben, Botschaft und Hingabe von Gott bestätigt wurde. So bezeugen es die Verkündigung des Paulus und die Evangelien. Der gekreuzigte und auferweckte Jesus ist der Christus –

nun auch für Nicht-Juden, denen er eine Beziehung zu dem Gott Israels ermöglicht, die bisher seinem Volk vorbehalten war. »Daher hattet ihr keine Hoffnung und wart ohne Gott in der Welt.« (Eph 2,12)

Oft wird gefragt, warum die Mehrzahl der Juden diesem Bekenntnis, dass Jesus der Messias sei, damals nicht folgen kann. Es gibt damals ganz unterschiedliche Messias-Erwartungen. Sie reichen von der Erwartung eines politischen Befreiers, der das Joch Roms abschüttelt (so auch Lk 1,71), über den Heilsbringer einer umfassenden Friedensordnung bis hin zu der Erwartung *zweier* Messias-Gestalten in den Schriften von Qumran. Für die Sadduzäer, die keine kommende Welt erwarten, spielt Hoffnung auf einen Messias kaum eine Rolle, während manche der Zeloten das Kommen des Messias mit ihren Taten beschleunigen wollen.

Die Anhänger Jesu selbst prägen mit ihrem Bekenntnis zu dem Gekreuzigten und Auferstandenen ein *neues* Messias-Bild. Sie verbinden den Gedanken des leidenden Gerechten, wie er sich etwa bei Jesaja findet (52,13ff.), mit der Gestalt des Messias.

Zur Zeit Jesu treten auch andere auf, die sich selbst als ›Messias‹ verstehen oder von ihren Anhängern so bezeichnet werden. In keinem Fall wird dieser Anspruch als Gotteslästerung aufgefasst, aber auch in keinem Fall bleibend anerkannt. Ganz realistisch wird er daran gemessen, welche Erwartungen erfüllt werden. Im Falle Jesu stehen – wie bei den anderen auch – andauernde Not und Unterdrückung, schließlich sogar die Zerstörung Jerusalems und des Tempels diesem Anspruch entgegen.

Das jüdische Nein an dieser Stelle kann auch für Christen Anstoß sein, die Unerlöstheit der Welt bewusst wahrzunehmen. Christen glauben, dass in Jesus die Gottesherrschaft begonnen hat. Doch die endgültige Aufrichtung des Reiches Gottes steht noch aus.

So verbindet die Hoffnung auf die kommende Welt Juden und Christen. Sie führt zu der Frage, wie beide – vielleicht miteinander – diese Hoffnung angesichts dieser Welt bezeugen können.

d) Verheißung und Erfüllung

Die christliche Tradition hat Altes und Neues Testament oft unter dem Schema Verheißung/Weissagung und Erfüllung einander zugeordnet: Das Alte Testament verheiße Gottes rettendes Eingreifen und weissage das Kommen des Messias, das Neue Testament schildere, wie diese Verheißungen in Jesus Christus erfüllt seien. Diese schematische Gegenüberstellung führt dazu, dass das Judentum als ›überholt‹ dargestellt wird. Aber bereits die Geschichte des Volkes Israel im Alten Testament selbst ist eine fortwährende Geschichte von Verheißung *und* Erfüllung und auch das Neue Testament kennt noch ausstehende Erfüllung, wie die Bitte im Vaterunser: »Dein Reich komme!« beispielhaft zeigt.

DER PROZESS JESU

Wenn Jesus Jude unter Juden war, wenn er in seiner Lehre den Pharisäern nahe stand, und wenn die Bezeichnung als Messias nicht als todeswürdiges Verbrechen galt – warum wurde er dann gekreuzigt?

Was kann man zu den Gründen sagen, die zum gewaltsamen Tod Jesu führten?

Wie sind die Passionserzählungen im Neuen Testament zu verstehen und was ist angesichts ihrer Wirkungsgeschichte zu bedenken?

a) Die Erzählungen der Passion Jesu – theologische Aussagen und Historie

Die Erzählungen der Passion Jesu erwecken aufgrund ihrer chronologischen Darstellung der Geschehnisse den Eindruck, historische Ereignisse wiederzugeben. Ein Vergleich der Erzählungen ergibt jedoch z. T. große Unterschiede und zeigt, dass offenbar historische Genauigkeit gar nicht beabsichtigt war.

Heute ist »objektive«, möglichst genaue Information gefragt. Die Bibel, und hier die Erzählungen der Passion, geben aber *gedeutete* Geschichte wieder; sie deuten die Ereignisse für die eigene Zeit und den eigenen Glauben.

Sehr gut lässt sich dies am Johannes-Evangelium zeigen. Johannes der Täufer bezeugt Jesus bei seiner Taufe als das »Lamm Gottes«, das die Sünde der Welt trägt (Joh 1,29). Dieses Bild wird für die Darstellung der Passion Christi überaus wichtig. Es ist der *Pessachtradition* entnommen. Die Lämmer wurden am 14. Nissan (vgl. S. 56ff.) für das Erinnerungsmahl an den Auszug aus Ägypten geschlachtet (meist »Rüsttag« genannt). Nach Johannes wird Jesus am 14. Nissan, dem Tag *vor* dem *Pessachfest* (also am »Rüsttag«) gekreuzigt, genau zu der Stunde, in der auch die Lämmer geschlachtet werden.

Als die Hingerichteten wegen des folgenden großen Feiertags (1. Tag *Pessach* und *Schabbat*) vom Kreuz genommen werden, wird Jesus nach Johannes von dem grausamen Brauch verschont, den Verurteilten die Beine zu brechen. Auch hierin zeigt sich, dass Jesus als Lamm Gottes gedeutet wird, denn dem Pessachlamm darf nach der biblischen Vorschrift kein Knochen zerbrochen werden (2 Mose 12,46). Jedoch: Nur Johannes erzählt dies so. Seine Schilderung der Kreuzigung ist eine theologische Aussage. Nicht exakte Information steht im Vordergrund, sondern die Schilderung des furchtbaren Geschehens so zu gestalten, dass ein größerer Sinn- und Verstehenshorizont durchleuchtet.

Nach der Überlieferung der anderen Evangelien wird Jesus am 1. *Pessach*-Tag (dem 15. Nissan) gekreuzigt (ebenfalls Freitag). Am Abend des 14. Nissan feiert Jesus mit den Jüngern das gemeinsame Mahl.

Das Johannes-Evangelium einerseits und die synoptischen Evangelien andererseits nennen einen unterschiedlichen *Tag* der Kreuzigung. Zwischen allen vier Evangelien bestehen zudem erhebliche Unterschiede im Ablauf des Prozesses Jesu, mithin hinsichtlich der verantwortlichen Instanzen.

Nach Markus wird Jesus in der Nacht vor den Hohen Rat geführt (Hohepriester, Älteste, Schriftgelehrte), am Morgen dann vor Pilatus. Nach Lukas wird er am Morgen vor den Hohen Rat, dann vor Pilatus, dann vor Herodes und erneut vor Pilatus geführt. Bei Matthäus wird Jesus in der Nacht zu Kaiphas, dem Hohepriester gebracht, wo sich Hohepriester, Älteste und Schriftgelehrte versammelt haben; es ist aber keine offizielle Sitzung des Hohen Rats. Bei Johannes ist aus der Szene vor Pilatus »ein Stück in sieben Aufzügen geworden, bei denen jedes Mal der Ort der Handlung wechselt.« (H. Halbfas)

Zusammenfassend lässt sich sagen:
Die Verfasser der Evangelien sind nicht an einem einheitlichen, exakten historischen Verlauf des Prozesses Jesu interessiert. Wichtiger ist ihnen, durch das furchtbare Ereignis den großen Kontext durchscheinen zu lassen, in dem es für sie steht: So deuten z. B. die Bilder aus dem Jesajabuch (Jes 52,13ff., der leidende Gottesknecht) und das Bild des Lammes den Ablauf des Prozesses und das Verhalten Jesu.

Die Verfasser der Evangelien sind hinsichtlich der verantwortlichen Instanzen bemüht, die römischen Verantwortlichen zu entlasten, die jüdischen hingegen zu belasten.

Das mag zwei Gründe haben, hinter denen der wachsende Konflikt mit der jüdischen Mehrheit steht. Das Verhältnis zu den römischen Machthabern soll, insbesondere nach der Zerstörung Jerusalems, nicht zusätzlich belastet werden. Zugleich ist die Verantwortung der Römer ohnehin nicht zu bestreiten: Jesus stirbt am Kreuz, der römischen Hinrichtungsart für Sklaven und Aufständische. Die junge Gemeinde ist jedoch bemüht, die Ereignisse als Teil der jüdischen Geschichte zu beschreiben, als Teil der Geschichte Gottes mit Israel. Insofern will sie die jüdische, nicht-christusgläubige Seite auf keinen Fall aus der Verantwortung entlassen. In der gegebenen Konfliktsituation geschieht dies sehr polemisch.

Dem entsprechen die Gründe, die für den Tod Jesu genannt werden. Sie werden in den verschiedenen Evangelien unterschiedlich benannt. Es lässt sich folgende Tendenz erkennen: Die Römer verhängen die Todesstrafe für politische Aufrührer: »König der Juden«. Von jüdischer Seite werden die Messias-Frage und die Gottessohnschaft als Anklagepunkte genannt. Die Evangelisten wollen es nicht bei einer römischen, politischen Klage belassen. Sie stellen das Geschehen so dar, dass die jüdischen Verantwortlichen Jesu Anspruch ernst nehmen und ihn – wenn auch in negativer Weise – als Messias und Gottessohn anerkennen.

Historisch ist ein förmlicher Prozess vor dem Synhedrion, dem Hohen Rat, unwahrscheinlich. Auch hätten die jüdischen Anklagepunkte nicht zu einem Todesurteil geführt. Ob und in welcher Weise einzelne Gruppierungen innerhalb des Judentums Jesus bei den römischen Behörden angeklagt haben, bleibt historisch umstritten.

b) Die Wirkungsgeschichte der Passionserzählungen

Die Erzählung vom Tod Jesu, der nach dem Zeugnis des Neuen Testaments »um unsretwillen« geschehen ist, führt zu dem pauschalen Vorwurf, die Juden seien schuld am Tod Jesu und wird zum Anlass für Unrecht und Mord.

»Man muss die Juden fliehen wie eine die ganze Welt bedrohende Pest ... Denn man kann das Opfer nicht lieben, ohne die Mörder zu hassen« (Kirchenvater Chrysostomos, 3. Jahrhundert). Die christliche Verkündigung war mit Hass auf Juden verbunden. Nicht begründbar ist, wieso Juden auch späterer Generationen als schuldig am Tod Jesu angesehen wurden. Allein die Tatsache, dass Menschen Juden waren und blieben, reichte für diesen Vorwurf aus. »Die Juden haben Jesus ans Kreuz genagelt ..., daher fällt das Blut Christi nicht nur auf die Juden seiner Zeit zurück, sondern auch auf alle Generationen der Juden bis ans Ende der Welt.« (Kirchenvater Origenes, ca. 185 – ca. 253, in seinem Matthäuskommentar) Die Zerstörung und die Zerstreuung der Juden in alle Welt galten als Strafe Gottes für den »Mord«. Diese Wirkungsgeschichte machte den Karfreitag jahrhundertelang zum Pogromtag und ließ das Heil der Christen zum Unheil für die Juden werden.

Noch immer gibt es in Religionsbüchern und Kindergottesdiensthilfen Darstellungen der biblischen Geschichte, die die jüdische Verantwortung am Tod Jesu herausstellen, ja gegenüber den Evangelien noch verschärfen. Dabei ist heute meist nicht von »den« Juden die Rede, sondern in scheinbar veränderter Form beispielsweise von den »Gesetzestreuen«, »Theologen« oder gar »Kirchenführern«.

Oft wird aber inzwischen die Aufgabe erkannt, die Passion Jesu so zu erzählen, dass sie nicht judenfeindlich ist. So sind die Texte der viel besuchten Oberammergauer Passionsspiele völlig umgeschrieben worden und die neuen Texte mit Juden besprochen. Dies zeigt, dass es möglich ist, mit den sehr belasteten und zugleich für Christen so zentralen Kapiteln der Bibel verantwortungsvoll umzugehen.

Theologisch haben die Passionschoräle immer festgehalten, dass von einer »Schuld« am Tod Jesu nur in Bezug auf die Sünde aller Menschen gesprochen werden kann. »Ach unsre Sünde bringt dich an das Kreuz hinan« im Choral »Du großer Schmerzensmann«. So rechnet auch das Neue Testament mit der Möglichkeit, dass auch Christen »den Sohn Gottes abermals kreuzigen.« (Hebr 6,6)

DER JUDE PAULUS

Dass Jesus Jude war und auch blieb, dem kann so mancher zustimmen. Spätestens aber mit Paulus – so die häufige Meinung – habe das Christentum begonnen. Aus Saulus wurde Paulus, aus dem Juden ein Christ. Der bekehrte Christenverfolger habe die kleine jüdische Gruppe, die Jesus von Nazareth als Messias bekannte, aus dem Judentum herausgeführt.

Sind also Paulus und seine Theologie die Trennungslinie und der Trennungsgrund zwischen Juden und Christen?

a) »Vom Saulus zum Paulus«

»Vom Saulus zum Paulus« - diese sprichwörtlich gewordene Redensart umschreibt die grundlegende Wandlung eines Menschen. Die beiden Namen stehen für das Vorher und Nachher der Wandlung. Der jedoch, auf den die Redensart zurückgeht, hatte *immer schon* zwei Namen. Die Eltern, Juden aus Tarsus, nennen ihren Sohn Scha'ul (Saul). Denn König Saul stammt aus dem Stamm Benjamin und aus diesem leitet sich auch Paulus' Familie her (Phil 3,5). Dieser Name steht also für die jüdische Identität des Jungen. Zugleich wählen die Eltern, Staatsbürger des Römischen Reiches, einen gleichklingenden lateinischen Namen: Paulus. Dieser Name weist auf die römische Staatsbürgerschaft des Kindes.

Die beiden Namen zeigen also kein »Vorher-Nachher« an. Aus Saulus wird kein Paulus – denn das war er schon immer. Heißt das nun, dass es keine »Bekehrung« im Leben des Paulus gab?

b) Die »Bekehrung«

Im Leben des Paulus gibt es eine unerwartete und nicht ableitbare Erfahrung, die Erfahrung von Damaskus. Sie gibt seiner Existenz eine völlig neue Ausrichtung. In der Apostelgeschichte Kap. 9 wird sie mit legendenhaften Zügen geschildert. Von Paulus selbst erfahren wir über dieses Erlebnis nur sehr wenig (vgl. Gal 1,13ff.; 1 Kor 15,8ff.; Phil 3,5ff.). Die Einzelheiten sind ihm nicht wichtig. In einem Satz fasst er zusammen, was ihm geschah: »Gott hat seinen Sohn an mir offenbart«. Und er fügt auch gleich an, *wozu* dies geschah: »damit ich ihn unter den Heiden verkünden sollte.« (Gal 1,16)

Diese Damaskuserfahrung ist keine »Bekehrung« zu einer anderen Religion. Paulus bekehrt sich nicht zu einem anderen Gott und bleibt auch danach stolz auf seine jüdische Identität (Phil 3,4f.). Er selbst nennt dieses Erlebnis auch nicht Bekehrung, sondern »Offenbarung«.

Ist Paulus durch diese Offenbarung von einem Juden zu einem Christen geworden? Um eine Antwort auf diese Frage zu finden, ist es wichtig, zunächst zu sehen, wer und was Paulus *vor* seinem Erlebnis bei Damaskus war.

c) Die Zeit vor Damaskus

Nach Aussagen der Apostelgeschichte (22,3) erhält der junge Diasporajude Paulus aus Tarsus bei einem der angesehensten Lehrern seiner Zeit, Gamaliel, in Jerusalem seine Ausbildung und gehört damit der pharisäischen Richtung des damaligen Judentums an (vgl. auch Phil 3,5).

Dass Paulus nach seiner Ausbildung zu einem »hauptberuflichen« Verfolger der messiasgläubigen Juden wird, wie es die Apostelgeschichte darstellt, ist historisch nicht wahrscheinlich. Die Jerusalemer Behörden haben dazu, gerade im Ausland, keine rechtliche Handhabe. Möglich ist aber, dass Paulus auch schon vor dem Damaskuserlebnis missionarisch tätig ist. Dann wären heftige Konflikte mit den ebenfalls missionierenden Anhängern Jesu denkbar. Zugleich würde sich hier das Anliegen zeigen, das Paulus sein *ganzes* Leben lang zutiefst bewegt hat: die Botschaft von dem einen Gott Israels in eine Welt zu tragen, der die Bindung an den *einen* Gott und seine *Tora* unbekannt ist.

Das Anliegen ändert sich – auch nach der Damaskuserfahrung – nicht. Aber die Koordinaten haben sich verschoben.

d) Paulus, der Völkerapostel

»Gott hat seinen Sohn an mir offenbart«. Das ist die Erfahrung des Paulus bei Damaskus. Sie wird im Stile einer Prophetenberufung geschildert: Paulus wird berufen, den Völkern den auferstandenen Christus zu verkündigen, denn »die Völker sollen Gott loben um der Barmherzigkeit willen.« Diese den Vätern gegebene Verheißung hat Christus bestätigt, wie es sehr deutlich der Abschnitt Röm 15,8-12 schildert. Zu dieser Offenbarung gehört untrennbar eine Zeitangabe. Dass Gottes Sohn, der Messias, von Gott gesandt ist, bedeutet, dass die Zeit erfüllt ist. Oder umgekehrt: »Als aber die Zeit erfüllt war, sandte Gott seinen Sohn, ...« (Gal 4,4) Beides gehört zusammen.

Was heißt, ›die Zeit ist erfüllt‹? Es ist ein bestimmter Moment gemeint, in dem die Zeit und die Geschichte, wie wir sie kennen, an eine »neue Zeit«, in der ganz andere Maßstäbe gelten, stoßen. Der Gedanke von unterschiedlichen »Zeiten« oder »Zeit-Welten« hat sich insbesondere in den beiden vorchristlichen Jahrhunderten im Judentum entwickelt. Im Einzelnen sind die Vorstellungen sehr unterschiedlich. Es gibt aber einige wichtige Merkmale, die diese neue Zeit als Zeit Gottes kennzeichnen: Die Auferstehung der Toten, das Gericht Gottes, die ausgleichende Gerechtigkeit zumal für die Zu-kurz-Gekommenen, die in das Herz der Menschen gelegte *Tora*, die Ankunft eines Messias. Auch die Evangelien sind von diesen Vorstellungen erfüllt. Nach Markus verkündigt Jesus: »Die Zeit ist erfüllt, und das Reich Gottes ist herbeigekommen.« (Mk 1,15)

Paulus kennt diese Vorstellungen. Als Pharisäer ist ihm besonders die Auferstehung der Toten wichtig, die von anderen jüdischen Gruppen, etwa den Sadduzäern, bestritten wird.

»Gott hat seinen Sohn an mir offenbart.« Paulus kommt durch sein Damaskuserlebnis nicht zu einem neuen Glauben. Er bewegt sich in den Vorstellungen seiner Tradition. Doch diese werden durch die Erfahrung von Damaskus neu geordnet und ergeben eine völlig neue Sicht der Wirklichkeit: Was vorher für die Zukunft erhofft wurde, das ist jetzt Gegenwart geworden: Die Zeit ist erfüllt! Die Zeit Gottes ist angebrochen.

Der Sohn, den Gott ihm offenbart, ist der auferweckte Christus (Messias) Jesus. In einem Brief nach Korinth schreibt Paulus: »Ist Christus aber nicht auferstanden, so ist euer Glaube nichtig.« (1 Kor 15,17) Daran, dass der Christus auferweckt ist, hängt für Paulus alles. Denn die Auferweckung Christi zeigt: Die Zeit Gottes, in der Tote zum Leben kommen, ist angebrochen. Und noch mehr: Dann muss auch Gottes letztes großes Gericht stattfinden. Und auch das erkennt Paulus vor Damaskus: Das Gericht hat bereits stattgefunden – in Christus.

Auferweckt wurde nämlich ein Gekreuzigter und das heißt ein Verfluchter. Denn die Heilige Schrift sagt: »denn ein Aufgehängter ist verflucht bei Gott.« (5 Mose 21,23) Paulus fragt: Ausgerechnet einen solchen Verfluchten hat Gott aus dem Tod auferweckt - als ersten von allen sterblichen Menschen? Das kann nicht sein. Es kann nur so sein, dass dieser Jesus nicht um seiner selbst willen, sondern um all der anderen willen verflucht war.

Mit der Auferweckung Jesu zeigt Gott, dass dieser Mensch gerecht war, dass er die *Tora* erfüllt hat und zum Leben gekommen ist. Den Fluch trug er für die anderen, denen es nicht möglich war, so gerecht zu sein, wie die *Tora* es fordert.

Damit ist die *Tora*, Gottes Weisung, erfüllt und das Gericht hat bereits stattgefunden. In Christus ist beides geschehen.

Durch die Taufe ist es möglich mitzuvollziehen, was in Christus geschehen ist. Sie ist ein symbolischer Akt des Mitsterbens und des Auftauchens in ein neues Leben. Paulus schreibt: »Wir sind also durch die Taufe auf seinen Tod mit ihm begraben worden, damit ... auch wir in einem neuen Leben wandeln werden.« (Röm 6,4) Ziel ist, dass »die Rechtsforderung der *Tora* erfüllt werde unter uns.« (Röm 8,4)

Darum besteht Paulus mit Leidenschaft darauf, dass die aus den Völkern neu gewonnenen Christusgläubigen nicht auf das Einhalten der *Tora* verpflichtet werden. Sie werden gerecht »ohne des Gesetzes Werke, allein durch den Glauben« an den Auferstandenen. (Röm 3,28)

> »So ist also das Gesetz heilig und das Gebot ist heilig, gerecht und gut.«
> Röm 7,12

Beschneidung, Halten des *Schabbat* und die Speisegebote als Bedingung dafür, zum Gott Israels zu kommen, verdunkeln gleichsam die Gnade Christi. Paulus kann dann auch diejenigen, die sich an die *Tora*, nicht aber an Christus, gebunden sehen, nur noch als solche sehen, die auf die besondere Beziehung von Gott zu Israel bauen und nicht erkennen, dass Gott in Christus seine Solidarität auch den Völkern zugewandt hat. Hier kommt es zu schärfsten Auseinandersetzungen mit Juden in und außerhalb der christusgläubigen Gemeinden, die diese Bindung an die *Tora* als Zugangsbedingung zum Gott Israels für alle fordern.

Hier ist etwas angelegt, was die christliche Tradition aufnimmt und zugleich entscheidend verändert. Sie hat eine negative Sicht des Gesetzes, der *Tora*, eingetragen, die Paulus nie hatte. Paulus weiß: »Das Gesetz ist geistlich« (also von Gott) und betont daher: »das Gesetz ist heilig und das Gebot ist heilig, gerecht und gut.« (Röm 7,12 u.14) »Gesetz« wird aber in der christlichen Tradition mehr und mehr zu einem von Menschen gemachten oder pervertierten Leistungskatalog umgemünzt.

Luther überträgt die Missstände der mittelalterlichen Kirche auch auf das Judentum. Juden wird unterstellt, sie wollten sich aufgrund »äußerer« Werke des Gesetzes selbst gerecht machen. Nach dem jüdischem Verständnis des Gesetzes wird nicht mehr gefragt. Es kommt in der Folge zu einer Entgegensetzung von Evangelium und Gnade für Christen und Gesetz und Verurteilung für Juden, die bei Paulus nicht zu fin-

den ist. Bis heute prägt dieses negative Gesetzesverständnis die protestantische Sicht des Judentums als einer »Gesetzesreligion«.

e) »Bis die Vollzahl der Heiden eingegangen sein wird«

In der Auferstehung Christi ist die Zeit Gottes angebrochen, Paulus er-
wartet ihr endgültiges Sichtbarwerden noch zu Lebzeiten seiner Generation. »Die verbleibende Zeit ist kurz« – diese Überzeugung prägt
Paulus und gibt ihm die ungeheure Energie für seine Reisen. Immer
schon wollte er die Botschaft von dem einen Gott zu den Nicht-Juden
bringen. Jetzt ist die Bindung an Christus das Entscheidende. Jetzt ist
durch diese Bindung an Christus der Weg für die Nicht-Juden zum Gott
Israels frei: Die Menschen aus der Völkerwelt werden zu Miterben der
Verheißung, die einst an Abraham erging. Sie werden Anteil an der neu-
en Zeit Gottes haben. Ja, Paulus erklärt sich sogar das ablehnende Verhalten der jüdischen Mehrheit so, dass diese »Verstockung« so lange
anhält, bis die »Fülle der Heiden zum Heil gelangt ist.« (Röm 11,25)
Dann werden beide – Israel und die Völker – gerettet werden durch
den Erlöser, der aus Zion kommen wird.

f) Paulus: Jude oder Christ?

Ausgangspunkt war die Frage, ob Paulus Jude oder Christ ist.
   Paulus' Eifer für den einen Gott, seine Gedankengänge, die sich aus
den jüdischen Vorstellungen vom Ende der Zeit speisen, von der Über-
windung des Todes und der Auferstehung der Toten, vom Gericht Gottes
und der Gerechtigkeit Gottes als dem In-Kraft-Setzen der *Tora* – all
dies weist ihn als Juden und zwar als Pharisäer aus. Er ist und bleibt
Pharisäer, auch nach eigener Darstellung (Phil 3,5). Paulus denkt immer
klar von Israel her, das zeichnet ihn wohl am meisten als Juden aus.
Paulus hat dabei immer deutlich zwischen Juden und Nicht-Juden (Heiden) unterschieden.

Die weite Öffnung gegenüber den Nicht-Juden und die enge Bindung
der *Tora* an Christus, der als Kyrios (Herr) neben Gott steht, wie es

Paulus betont, hat die Mehrheit der Juden nicht mittragen können. Andererseits haben die von ihm gegründeten Gemeinden schon bald ihre jüdische Herkunft vergessen und ihn zum Kronzeugen für eine negative Sicht des Gesetzes Gottes gemacht. So erscheint Paulus über lange Zeit hin als Trennungsgrund zwischen Christen und Juden. Paulus kann aber auch zur Brücke zwischen beiden werden, wenn seine Herzensanliegen wieder im Mittelpunkt christlicher Lektüre seiner Briefe stehen: dass es der Gott *Israels* ist, den er der Völkerwelt verkündigt hat, und dass es die *Tora* Gottes ist, die er als Gerechtigkeit Gottes aufzurichten sucht.

Teil IV

Anhang

1. Fritz Rothschild (Hg.): Christentum aus jüdischer Sicht, Fünf jüdische Denker des 20. Jahrhunderts über das Christentum und sein Verhältnis zum Judentum, Berlin, Düsseldorf, Institut für Kirche und Judentum, 1998, S. 11.
2. Joel Berger: Zum Stand des christlich-jüdischen Gesprächs heute, in: Kustermann, Abraham Peter und Dieter B. Bauer (Hg.): Jüdisches Leben im Bodenseeraum, Ostfildern, Schwabenverlag, 1994, S. 288.
3. A. a. O.: S. 286.
4. Abraham Joshua Heschel: Keine Religion ist ein Eiland, in: Fritz Rothschild (Hg.): Christentum aus jüdischer Sicht, Berlin, 1998, S. 327.
5. Ibid, S. 329ff.
6. »Dabru Emet« Eine jüdische Stellungnahme zu Christen und Christentum vom 11. September 2000, in: Dokumente II**, S. 974.
7. Martin Luther: Dass Jesus Christus ein geborener Jude sei, WA 11, S. 314f.
8. Ibid, S. 176.
9. Martin Luther: Von den Juden und ihren Lügen, WA 53, S. 523-526.
10. Martin Sasse: Martin Luther über die Juden, Weg mit ihnen!, Freiburg, 1938, S. 2.
11. Vollversammlung des Lutherischen Weltbundes: Luther, das Luthertum und die Juden, In: Dokumente I*, S. 437f.
12. Albert H. Friedlander: Martin Luther und wir Juden, in: Hans-Jürgen Schultz (Hg): Luther kontrovers, Stuttgart, Berlin, 1984, S. 263f.
13. Friedrich Heer: Theologie nach Auschwitz, in: Bernd Günther Ginzel: Auschwitz als Herausforderung für Juden und Christen, Heidelberg, 1980, S. 464.
14. Kirchlich-Theologische Sozietät in Württemberg: Erklärung über die Gemeinschaft am Leibe Jesu Christi vom 9. April 1946, in: Dokumente I*, S. 531.
15. Provinzialsynode der Evangelischen Kirche in Berlin-Brandenburg (Berlin-West): Beschluss: Orientierungspunkte zum Thema Christen und Juden vom 20. Mai 1984, in: Dokumente I*, S. 614.
16. Deutsche Theologieprofessorinnen und Theologieprofessoren: Erklärung angesichts des neu aufbrechenden Antisemitismus in Deutschland vom Dezember 1992, in: Dokumente I*, S. 679.
17. Synode der Evangelischen Kirche im Rheinland: Synodalbeschluss »Zur Erneuerung des Verhältnisses von Christen und Juden« vom 11. Januar 1980, in: Dokumente I*, S. 595.

18. Synode der EKD: Beschlüsse anlässlich der Zionismus-Resolution der Vereinten Nationen vom 6. November 1975, in: Dokumente I*, S. 579.

19. Synode der EKD: Wort zur Judenfrage vom April 1950, in: Dokumente I*, S. 549.

20. Lutherische Europäische Kommission Kirche und Judentum: Erklärung zur Begegnung zwischen lutherischen Christen und Juden vom 8. Mai 1990, in: Dokumente II**, S. 450.

21. Leuenberger Texte 6: Kirche und Israel, Ein Beitrag der reformatorischen Kirchen Europas zum Verhältnis von Christen und Juden, Frankfurt a. M., 2001, S. 49.

22. Evangelisch-Lutherischer Zentralverein für Mission unter Israel: Beschluss zur Wiedergründung des Zentralvereins vom 24. Oktober 1945, in: Dokumente I*, S. 530.

23. Rat der EKD: Studie »Christen und Juden« vom Mai 1975, in: Dokumente I*, S. 578

24. Rat der EKD: Christen und Juden III, Schritte der Erneuerung im Verhältnis zum Judentum vom 14. März 2000, in: Dokumente II**, S. 898.

25. Ibid, S. 898.

26. Leuenberg, S. 72.

27. Paulus (1. Kor 11, 24f.) und Lukas überliefern »neuer« Bund, Markus und Matthäus (Mt 26,28) »Blut des Bundes«

*   Dokumente I: Rolf Rendtorff, Hans Hermann Henrix (Hg.): Die Kirchen und das Judentum. Dokumente von 1945-1985, Paderborn, München, 1988.

** Dokumente II: Hans Hermann Henrix, Wolfgang Kraus (Hg.): Die Kirchen und das Judentum. Dokumente von 1986-2000, Paderborn, Gütersloh 2001.

REGISTER

GLOSSAR

Alle im Glossar aufgeführten hebräischen Begriffe sind im Buch kursiv abgedruckt.

Aaron ha-Kodesch:
hebr. Name für den Tora-Schrein.

Aschkenas:
Aschkenas ist ursprünglich der Name eines in 1 Mose 10,3 erwähnten Volkes. Im Mittelalter wurde Aschkenas die geläufige hebräische Bezeichnung für Deutschland und Nordostfrankreich. Von der Zeit der Kreuzzüge an umfasst der Begriff auch die nach Polen und Russland geflüchteten Juden und ihre Nachkommen.

Bar Mizwa:
wörtl.: »Sohn des Gebotes«. Bezeichnung eines Jungen, der mit Vollendung des 13. Lebensjahres die religiöse Volljährigkeit erreicht. Er ist nun ein vollwertiges Mitglied der Gemeinde mit allen Rechten und Pflichten, die das Religionsgesetz festlegt.

Bat Mizwa:
wörtl.: »Tochter des Gebotes«. Bezeichnung eines Mädchens, das mit Vollendung des zwölften Lebensjahrs religiös volljährig wird. Bat Mizwa-Feiern sind erst im 19. Jahrhundert entstanden und werden vor allem im Reformjudentum begangen.

Beracha, pl. Berachot:
Segens- oder Dankformel für den gottesdienstlichen oder privaten Gebrauch. In der Regel in der Form: »Gesegnet seist du, unser Gott, König der Welt, der du ...«

Bima:
wörtl.: »Pult, Podium«. Lesepult in der Synagoge, von dem die Tora-Lesung erfolgt.

Challa, pl. Challot:
Weißbrot in Zopfform, das am Schabbat gegessen wird.

Chanukka:
wörtl.: »Einweihung«. Achttägiges Lichterfest, beginnend am 25. Kislew (Nov./
Dez.), das an die Wiedereinweihung des Tempels in Jerusalem durch Judas
Makkabäus erinnert.

Chanukkia, pl. Chanukkiot:
Chanukka-Leuchter. Der beim achttägigen Lichterfest verwendete besondere
Leuchter mit acht Brennstellen und einer neunten, genannt Schamasch, »Die-
ner«, die nur zum Anzünden der Lichter dient.

Chassid, pl. Chassidim:
wörtl.: »Fromme«. Schon zur Zeit der Makkabäer im 2./1. Jahrhundert v. Chr.
nannte sich eine religiöse Richtung Chassidim. Im 18. Jahrhundert bezeichnete
der Chassidismus eine religiöse Erneuerungsbewegung, die in Osteuropa entstand und eine volkstümliche, verinnerlichte Frömmigkeit vertrat.

Chuppa:
Traubaldachin, unter dem die Hochzeitszeremonie vollzogen wird.

Gemara:
wörtl.: »Vollendung«. Die Gemara ist die Erläuterung und Erörterung der Mischna, wie sie in den Lehrhäusern Palästinas und Babyloniens stattfand. Mischna
und Gemara zusammen bilden den Talmud.

Haggada:
wörtl.: »Erzählung«. Im engeren Sinn die Erzählung vom Auszug aus Ägypten
und der Befreiung aus der ägyptischen Knechtschaft. Die Haggada wird am Vorabend des Pessach-Festes vorgelesen.

Halacha:
hebr.: »Gehen, Wandeln«. Allgemeiner Begriff, der das gesamte System der
Religionsvorschriften umfasst.

Hawdala:
wörtl.: »Unterscheidung, Trennung«. Der Begriff bezeichnet die Zeremonie
am Ende des Schabbats oder eines Festtags, um die »Unterscheidung« zwischen dem heiligen Festtag und dem profanen Werktag bewusst zu machen.
Man spricht den Segen über Wein und wohlriechenden Gewürzen. Die Ge-
würze werden in besonderen Büchsen, den Besamim-Büchsen, aufbewahrt.

Jom Kippur:
wörtl.: »Versöhnungstag«. Der Versöhnungstag ist Höhepunkt und Abschluss der zehn Busstage nach dem Neujahrsfest vom 1. bis 10. des Monats Tischri. Er wird mit Fasten und Gebet in der Synagoge verbracht. Im Schlussgottesdienst wird das Schofarhorn geblasen.

Kabbala:
wörtl.: »Überlieferung«. Jüdische Mystik und Geheimlehre seit dem 12. Jahrhundert.

Kaddisch:
wörtl.: »heilig«. Gebetshymnus. Der beim sog. Vollkaddisch folgende Teile enthält: a) Heiligung des Gottesnamens und Bitte um Errichtung seines Königreichs, b) Segnung, Lobpreis und Erhöhung seines Namens, c) Bitte um Gebetsannahme, d) Bitte um Frieden (aramäisch), e) abgewandelte Form dieser Bitte (hebr.). Das Vollkaddisch schließt die Amida ab; das sog. Halbkaddisch wird zwischen bestimmten Teilen des Gottesdienstes gesprochen. Das sog. Kaddisch der Trauernden (ohne Teil c) wird seit dem 13. Jahrhundert von Trauernden gesprochen. Das Gebet wird stehend in Anwesenheit des Minjan gesprochen.

Ketuwa:
von hebr. kataw: »schreiben«. Ehevertrag, häufig reich verziert und ein wichtiger Gegenstand jüdischen Kunsthandwerks.

Kiddusch:
hebr.: »Heiligung«. Segensspruch bei einem Becher Wein, durch den der Schabbat nach 2 Mose 20,8 und analog die anderen Feste geheiligt werden.

Koscher:
von hebr. kascher: »tauglich«, »passend«, »rituell rein«. Bezieht sich auf die vorschriftsmäßige Herstellung von Torarollen, Mikwen, Laubhütten usw., vor allem aber auf die Speisevorschriften.

Lulaw:
hebr.: »junger Zweig«. Der Palmzweig als Bestandteil des Feststraußes für das Laubhüttenfest (Sukkot).

Machsor:
wörtl.: »Wiederholung«. Gebetbuch für die Festtage.

Mazza:
hebr.: »ungesäuertes Brot«. Nach 2 Mose 12,34-39 wird dieses sehr dünne ungesäuerte Brot während der Pessachwoche gegessen und ist zu einem Symbol dieses Festes geworden.

Megilla, pl. Megillot:
wörtl.: »Rolle«. Bezeichnung für die fünf biblischen Bücher, die an Festtagen gelesen werden: Ruth (Schawuot), Hoheslied (Pessach), Klagelieder (9. Aw), Prediger (Sukkot) und Esther (Purim). Ohne nähere Erläuterung ist meist das Buch Esther gemeint.

Minjan:
wörtl.: »Zahl«. Mindestanzahl von zehn religionsmündigen Personen, in der Orthodoxie nur Männern, die für einen Gottesdienst in der Synagoge anwesend sein müssen.

Mischna:
wörtl.: »Lernen, Wiederholung«. Die Sammlung von Sätzen der mündlichen Toraauslegung; um 200 n. Chr. zusammengestellt (s. Talmud).

Mikwe:
Becken oder Brunnen, wo es fließendes Wasser gibt; jüdisches Ritualbad.

Mizwa, pl. Mizwot:
wörtl.: »Gebot«. Bezeichnung für ein einzelnes Gebot. Traditionell werden 613 biblische Mizwot gezählt, 365 Verbote und 248 Gebote. Das gesamte religionsgesetzliche System wird Halacha genannt.

Mohel:
Fachmann, der die Beschneidung (»Brit Mila«), das Zeichen des Bundes mit Abraham, vollzieht.

Pessach:
erstes der drei biblischen Wallfahrts- bzw. Erntefeste (Beginn der Gerstenernte). Pessach wird sieben Tage lang zur Erinnerung an den Auszug aus Ägypten gefeiert.

Purim:
wörtl.: »Los«. Ausgelassenes Freudenfest zur Erinnerung an die Rettung der persischen Juden vor der Verfolgung Hamans (Buch Esther).

Rosch Ha-Schana:
das jüdische Neujahrsfest.

Schächten:
Nach dem Religionsgesetz aufgrund von 5 Mose 12,23f. die einzig erlaubte
Schlachtmethode für Tiere und Vögel, die zum Verzehr erlaubt sind. Dabei
werden von einem Fachmann (Schochet) mit einem scharfen Messer in einen
einzigen Schnitt Halsschlagader, Luft- und Speiseröhre durchtrennt.

Schawuot:
pl. von Schawua, wörtl.: »Woche«. Das zweite Wallfahrtsfest, sechs Wochen
nach Pessach. Es erinnert an die Gabe der Tora am Sinai.

Schofar:
ausgehöhltes, gebogenes Horn eines Widders oder einer Antilope, dessen
Spitze zu einem einfachen Mundstück ausgeformt ist. Ursprünglich ein Signal-
instrument im Krieg und bei Gefahr wird es im Zusammenhang mit dem Neujahrstag und dem Versöhnungsfest geblasen.

Seder:
Bezeichnung für das Mahl am Abend des Pessachfestes, bei dem der Tisch mit
feststehenden symbolischen Speisen gedeckt ist und die Haggada, die Erzählung vom Auszug aus Ägypten, gelesen wird.

Sefardim:
Sefarad ist ursprünglich eine Länderbezeichnung in der Bibel (Obadja 20), wurde aber bald die geläufige hebräische Bezeichnung für die Iberische Halbinsel.
Als sefardisch bezeichnet man die vom spanischen und portugiesischen Judentum geprägte Kultur und Tradition. Die Nachkommen der vertriebenen spanischen Juden nennt man in der ganzen Welt bis heute Sefardim.

Sukkot:
pl. von hebr. Sukka: »Laubhütte«. Laubhüttenfest, oder auch einfach »Das Fest«:
Fest anläßlich der Obst- und Weinernte. Während der Sukkot-Tage soll in der
festlich geschmückten Laubhütte gegessen und geschlafen werden.

Tallit:
der Gebetsmantel, viereckiges Tuch aus Wolle, Baumwolle oder Seide, meist
weiß mit blauen oder schwarzen Streifen, an dessen vier Ecken gemäß 4 Mose
15,38-41 die Schaufäden (Zizit) angebracht sind. Der Tallit wird beim tägli-

chen Morgengebet, am Versöhnungstag und am 9. Aw über der Kleidung getragen.

Talmud:
wörtl. »Lernen, Lehre«. Sammlung der Kommentare zur Mischna, der sog. Gemara. Der Talmudtext besteht aus Mischna und Gemara. Zwei verschiedene Talmudim, der babylonische und der palästinensische, nach den Zentren des Studiums, haben sich herausgebildet.

Tefillin:
Gebetsriemen. Zwei schwarze Lederkapseln, die in Erfüllung des Gebotes 5 Mose 6,8 am linken Arm und an der Stirn festgebunden werden. Die Kapseln enthalten die von einem Toraschreiber auf Pergament geschriebenen Bibelabschnitte 2 Mose 13,2-10 und 11-16; 5 Mose 6,4-9 und 5 Mose 11,13-21.

Zizit:
die Schaufäden am Tallit.

LITERATURVERZEICHNIS

Literatur zur Vertiefung in Auswahl

Teil I: Jüdische Lebenswelten

Jüdische Wege

E. Fackenheim: Was ist Judentum? Eine Deutung für die Gegenwart, VIKJ 27, Berlin, 1999

R. Gradwohl: Bibelauslegungen aus jüdischen Quellen (2 Bände), Stuttgart, 2002
Mit Hilfe jüdischer Kommentare werden die alttestamentlichen Predigttexte des Kirchenjahrs erklärt.

A. J. Heschel: Der Schabbat. Seine Bedeutung für den heutigen Menschen, Berlin, 2001

J. Magonet: Einführung ins Judentum, Berlin, 2004

J. Plaskow: Und wieder stehen wir am Sinai. Eine jüdisch-feministische Theologie, Luzern, 1992

G. S. Rosenthal u.a.: Das Judentum hat viele Gesichter. Die religiösen Strömungen der Gegenwart, München, 1999

G. Stemberger: Midrasch. Vom Umgang der Rabbinen mit der Bibel. Einführung Texte, Erläuterungen, München, 2002

G. Stemberger: Der Talmud. Einführung, Texte, Erläuterungen, 3. Auflage, München, 1994

Religiöses Leben

J. Magonet (Hg.): Seder ha Tefillot. Das jüdische Gebetbuch, Band 1: Gebete für Schabbat, Wochentage und Pilgerfeste, Band 2: Gebete für die Hohen Festtage, Gütersloh, 1997

N. Berger: Das koschere Kochbuch, Stuttgart, 1995
(Bezug bei: jnmberg@aol.com)

E. Gal-Ed: Das Buch der jüdischen Jahresfeste, Leipzig, 2001

R. Gradwohl u.a.: Grundkurs Judentum (2 Bände), Stuttgart, 2002
Die beiden Bände bieten eine Auswahl an Materialien und Kopiervorlagen für Schule, Gemeinde und Erwachsenenbildung.

R. R. Geis: Vom unbekannten Judentum, 2. Auflage, Freiburg, 1977

I. M. Lau: Wie Juden leben, Glaube – Alltag – Feste, 2. Auflage, Gütersloh, 1990

G. Stemberger: Jüdische Religion, München, 2002

R. Then: Das Judentum. Religion, Geschichte, Gegenwart, Regensburg, 1998
Die 54 Folien und die Einführung sind geeignet für Schule und Gemeinde.

M. Wallach-Faller (Hg.): Die Frau im Tallit. Judentum feministisch gelesen, Zürich, 2000

Teil II: Jüdische Geschichte und Gegenwart

Judentum in der Welt

W. T. Angress: Die Deutschen und die Judenverfolgung im Dritten Reich, Frankfurt, 2003

W. Benz: Geschichte des Dritten Reiches, München, 2003

H. H. Ben-Sasson: Geschichte des jüdischen Volkes. Von den Anfängen bis zur Gegenwart, München, 1995

Y. M. Bodemann: In den Wogen der Erinnerung. Jüdische Existenz in Deutschland, München, 2002

M. Brocke / J. Jochum (Hg.): Wolkenschein und Feuersäule. Jüdische Theologie des Holocaust, München, 1982
Die Werke der jüdischen Holocaust-Theologie sind durchweg nicht ins Deutsche übersetzt worden. Das Buch gibt einen ersten Einblick.

M. Brumlik u.a. (Hg.): Jüdisches Leben in Deutschland nach 1945, Frankfurt 1988

M. Brumlik u.a. (Hg.): Die Menora. Ein Gang durch die Geschichte Israels. Eine Medienmappe für Schule, Unterricht und Gemeinde (mit CD-Rom, Folien und Dias), Israelitisch denken lernen Nr. 5, Wittingen, 1999

L. van Dijk: Die Geschichte der Juden, Frankfurt, 2001

G. B. Ginzel: Der Anfang nach dem Ende. Jüdisches Leben in Deutschland 1945 bis heute, Düsseldorf, 1996

A. Herzig: Jüdische Geschichte in Deutschland. Von den Anfängen bis zur Gegenwart, 2. Auflage, München, 2002

E.-V. Kotowski u.a. (Hg.) : Handbuch zur Geschichte der Juden in Europa (2 Bände). Länder und Regionen. Religion, Kultur, Alltag, Darmstadt, 2001
Das jüdische Leben in Europa wird hier mit seinen Ausprägungen und historischen Entwicklungen dargestellt. Im ersten Band wird das Augenmerk auf die Länder gelegt. Der zweite Band behandelt einzelne Themen wie Kunst, Literatur, Stellung der Frau oder Antisemitismus.

L. Trepp: Die Juden. Volk – Geschichte – Religon, Reinbek b. Hamburg, 1998

Israel

H. Becker u.a. (Hg.) : Der schwierige Weg zum Frieden. Der israelisch-arabisch-palästinensische Konflikt. Hintergründe, Positionen und Perspektiven, Gütersloh, 1994

M. Gilbert: The Routledge Atlas of the Arab-Israeli Conflict, Oxford, 2004

M. Krupp: Die Geschichte des Staates Israel. Von der Gründung bis heute, Gütersloh, 1999

M. Krupp: Die Geschichte des Zionismus, 1882 – 1948, Gütersloh, 2001

Teil III: Christen und Juden – Juden und Christen

Die Begegnung von Christen und Juden

Kirchenamt der EKD (Hg) : Christen und Juden I-III, Gütersloh, 2002
Der Band enthält die Studien der Evangelischen Kirche in Deutschland zum Thema Christen und Juden aus den Jahren 1975, 1991 und 2000.

R. Rendtorff, H.-H. Henrix (Hg.) : Die Kirchen und das Judentum, Dokumente von 1945-1985, Band 1, Paderborn, München, 1988

W. Kraus, H.-H. Henrix: (Hg.) : Die Kirchen und das Judentum. Dokumente von 1986-2000, Band 2, Paderborn, München, 2001
In diesen beiden Bänden finden sich die wesentlichen kirchlichen Dokumente seit dem Ende des 2. Weltkriegs.

R. Kampling, M. Weinrich (Hg.): Dabru emet – redet Wahrheit. Eine jüdische Herausforderung zum Dialog mit den Christen, Gütersloh, 2003
Das Buch diskutiert die jüdische Stellungnahme zu Christen und Christentum »Dabru emet« aus jüdischer, katholischer und evangelischer Sicht.

K. von Kellenbach u.a. (Hg.): Von Gott reden im Land der Täter. Theologische Stimmen der dritten Generation seit der Shoah, Darmstadt, 2001

F. A. Rothschild (Hg.): Christentum aus jüdischer Sicht. Fünf jüdische Denker des 20. Jahrhunderts über das Christentum und sein Verhältnis zum Judentum, Berlin, 1998

P. v.d. Osten-Sacken: Katechismus und Siddur. Aufbrüche mit Martin Luther und den Lehrern Israels, 2. Auflage, Berlin, 1994

P. v.d. Osten-Sacken: Martin Luther und die Juden, Stuttgart, 2002

Biblisch-theologische Aspekte

F. Crüsemann, U. Theissmann (Hg.): Ich glaube an den Gott Israels. Fragen und Antworten zu einem Thema, das im christlichen Glaubensbekenntnis fehlt, Gütersloh, 2001

A. Deeg u.a. (Hg.): Der Gottesdienst im christlich-jüdischen Dialog. Liturgische Anregungen – Spannungsfelder – Stolpersteine, Gütersloh, 2004

D. Henze u.a.: Antijudaismus im Neuen Testament? Grundlagen für die Arbeit mit biblischen Texten, Gütersloh, 1997

Studium in Israel. W. Kruse / H.-J. Müller (Hg.): Predigtmeditationen im christlich-jüdischen Kontext, Fortgesetzte Reihe 1996ff.
Die Bände bieten Jahr für Jahr wichtige Anregungen aus dem jüdisch-christlichen Gespräch für die Sonntagspredigt.

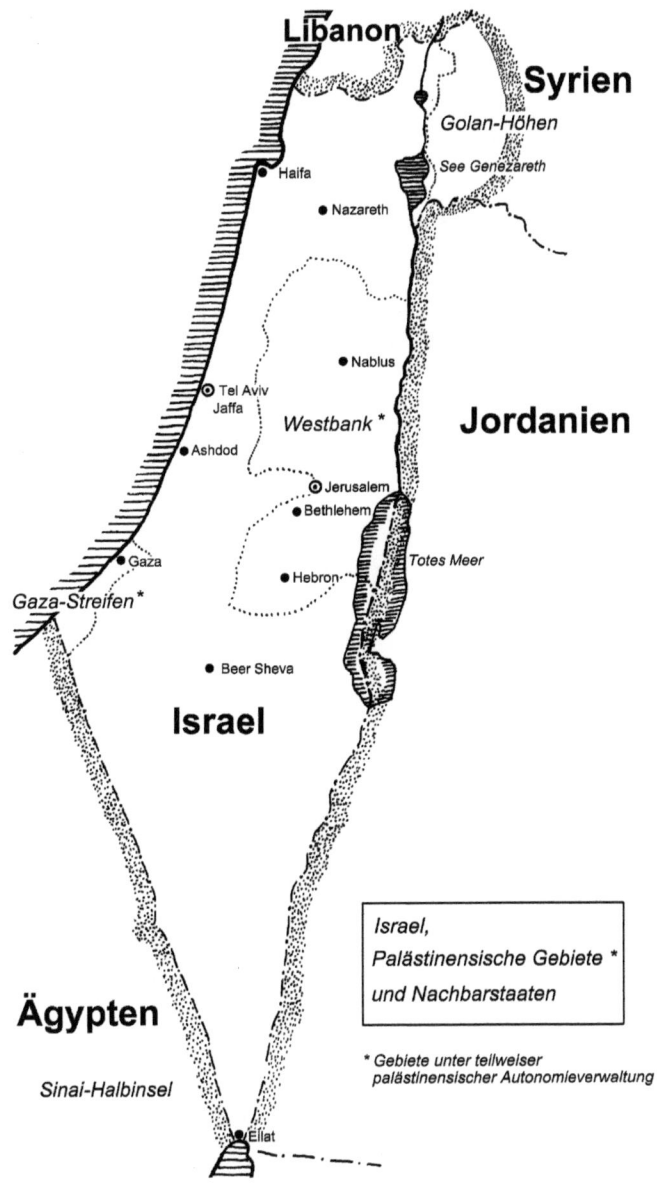

Libanon

Syrien

Golan-Höhen

See Genezareth

Haifa

Nazareth

Nablus

Tel Aviv
Jaffa

Westbank *

Jordanien

Ashdod

Jerusalem

Bethlehem

Totes Meer

Gaza

Hebron

Gaza-Streifen *

Beer Sheva

Israel

Ägypten

Sinai-Halbinsel

Eilat

Israel,
Palästinensische Gebiete *
und Nachbarstaaten

* Gebiete unter teilweiser
palästinensischer Autonomieverwaltung

INTERNETADRESSEN

http://www.compass-infodienst.de *Informationsdienst für christlich-jüdische und deutsch-israelische Tagesthemen im Web.*

http://www.diak.org *Aktuelle Nachrichten und Kommentare sowie Artikel zu den Hintergründen des Nahostkonflikts und zu gesellschaftlichen Themen, zusammengestellt vom Deutsch-Israelischen Arbeitskreis für Frieden im Nahen Osten.*

http://www.haglil.com *Deutsch-jüdische Internetseite mit Informationen zum Judentum in Deutschland, zur politischen Diskussion und zu Fragen der Religion.*

http://rachel.israel.de/start.html *Interaktives Programm für Kinder mit Informationen zu den Bereichen Judentum, Geschichte, Wissenswertes, Geographie.*

http://www.jcrelations.net *Umfangreiche Sammlung von Dokumenten, Aufsätzen und Vorträgen.*

http://www.juden.de *Initiative jüdischer Studenten, die Informationen aller Art zum Thema Judentum bietet.*

http://shoa.de *Informationen zum Holocaust, zu Antisemitismus, zu den KZs, einzelnen Personen und Dokumentationen.*

DIE AUTORINNEN UND AUTOREN

Astrid Fiehland van der Vegt
Studium der Ev. Theologie und Judaistik in Kiel, Jerusalem, Tübingen und Berlin. Pastorin in Kiel und für die EKD in Jerusalem. Seit 1997 Gemeindepastorin in Hamburg-Nienstedten. Mitglied der Studienkommission »Kirche und Judentum« der EKD von 1988–2000, langjährige Mitarbeit bei »Studium in Israel«. Veröffentlichung von Predigtstudien und Beiträgen zum christlich-jüdischen Gespräch.

Dr. Uwe Gräbe
Pfarrer der Evangelisch-Lutherischen Kirche in Oldenburg und überregional in verschiedenen ökumenischen Gremien aktiv. Studium der Ev. Theologie, Kath. Theologie und Judaistik in Münster, Heidelberg, Québec und Jerusalem. Promotion über »Kontextuelle palästinensische Theologie«; Forschungsschwerpunkt im Bereich der christlich-jüdisch-muslimischen Begegnung.

OKRin Dr. Christina Kayales
Pastorin der Nordelbischen Evangelisch-Lutherischen Kirche. Promotion zu interkultureller Hermeneutik, Mitarbeit am Socio-Pastoral Institute in Manila/ Philippinen. Seit 2001 ökumenische Grundsatzreferentin der VELKD. Veröffentlichungen im Themenbereich Ökumene.

Angela Langner
Pfarrerin und Judaistin MA; Studium in Göttingen, Jerusalem (»Studium in Israel«) und Berlin; seit 2001 Pfarrerin in Leipzig-Sellerhausen-Volkmarsdorf und Pfarrstelle für miss. Projekte im Kirchenbezirk Leipzig; Mitglied der Jüdisch-christlichen Arbeitsgemeinschaft Leipzig und Vertreterin für Sachsen in der KLAK.

Christiane Müller
Studium der Ev. Theologie in Heidelberg, Marburg und Berlin, Assistentin am Lehrstuhl für Religionspädagogik der Universität Bayreuth, von 1995–2002 Theologische Referentin bei Begegnung von Christen und Juden (BCJ). Bayern, seit 2004 Gemeindepastorin in Rosenheim.

Ricklef Münnich
Studium der Ev. Theologie und Judaistik in Berlin und Jerusalem. Wissenschaftlicher Mitarbeiter am Lehrstuhl für Neues Testament und am Institut Kirche und Judentum in Berlin. Seit 1998 Pfarrer der Ev.-Luth. Kirche in Thüringen.

Mitglied der AG Christen und Juden beim Dt. Ev. Kirchentag seit 1999, seit 2001 Vorsitzender der KLAK.

Wolfgang Raupach-Rudnick,
Leiter der Arbeitsstelle Kirche und Judentum in der Ev.-luth. Landeskirche Hannovers; Geschäftsführer der Lutherischen Europäischen Kommission Kirche und Judentum; Herausgeber der Zeitschrift »Begegnungen. Zeitschrift für Kirche und Judentum«.

PD Dr. Ursula Rudnick,
Studium der Ev. Theologie, Philosophie und Judaistik in Göttingen, Tübingen, Jerusalem und New York. Referentin für Judaistik beim Frauenwerk der Ev.-Luth. Landeskirche Hannovers. Studienleiterin von Begegnung – Christen und Juden. Niedersachen e.V., Hochschuldozentin für Religionspädagogik an der RWTH Aachen. Habilitation: »Judentum als Thema zeitgenössischer protestantischer Bildungsarbeit«; zahlreiche Veröffentlichungen zum christlich-jüdischen Gespräch.

Dr. Christian Stäblein,
Pastor der Evangelisch-Lutherischen Landeskirche Hannover. Studium der Ev. Theologie in Göttingen, Jerusalem und Berlin. Promotion zur »Homiletischen Theorie im Gedenken an den Holocaust«. Seit 2001 Wissenschaftlicher Assistent für Praktische Theologie in Göttingen. Vorstandsarbeit in der Christlich-Jüdischen Gesellschaft Göttingen und im Verein Begegnung – Christen und Juden Niedersachsen e.V.